Libro di bordo per il tiro sportivo

Questo libro appartiene a:

Questo registro di catalogo per il tiro sportivo, pratico e facile da usare, con una copertina dal design moderno e di qualità per tiratori, tiratrici, tiratori, tiratrici, è stato progettato professionalmente per aiutarvi a tenere un registro dettagliato delle date, dell'ora, del luogo, dell'arma, del tipo di mirino, delle munizioni, della profondità della sede, della distanza, della polvere, dell'innesco, dell'ottone, delle pagine della tabella.

Libro di bordo per il tiro sportivo

📅 Data: ______________________ 🕐 Tempo: __________

📍 Posizione: ______________________________

Condizioni meteo

☐ ☐ ☐ ☐ ☐ ☐ ⚑ ____ 🌡 ____

Arma da fuoco:	
Proiettile:	Profondità di seduta:
Polvere:	Grani:
Primer:	
Ottone:	
Distanza:	

Risultati complessivi

☐ Povero   ☐ Fiera   ☐ Buono   ☐ Eccellente

Note aggiuntive

____

____

☆ ☆ ☆ ☆ ☆

Un'idea regalo perfetta per principianti e professionisti

Libro di bordo per il tiro sportivo

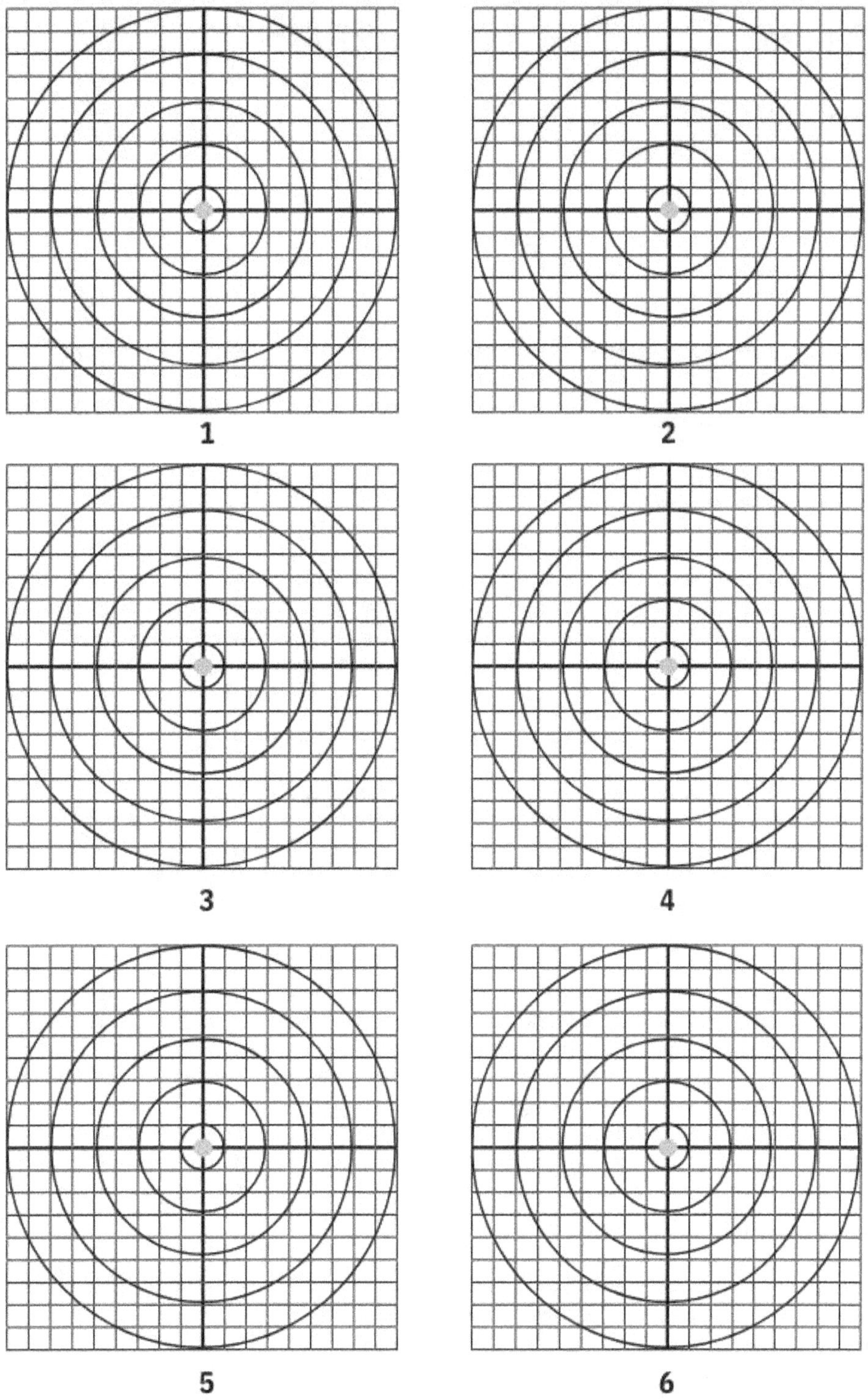

Un'idea regalo perfetta per principianti e professionisti

Libro di bordo per il tiro sportivo

📅 Data: _____________________   🕐 Tempo: __________

📍 Posizione: _________________________________

Condizioni meteo

☐   ☐   ☐   ☐   ☐   ☐   _______   _______

Arma da fuoco:	
Proiettile:	Profondità di seduta:
Polvere:	Grani:
Primer:	
Ottone:	
Distanza:	

Risultati complessivi

☐ Povero   ☐ Fiera   ☐ Buono   ☐ Eccellente

Note aggiuntive

____

____

____

☆ ☆ ☆ ☆ ☆

Un'idea regalo perfetta per principianti e professionisti

Libro di bordo per il tiro sportivo

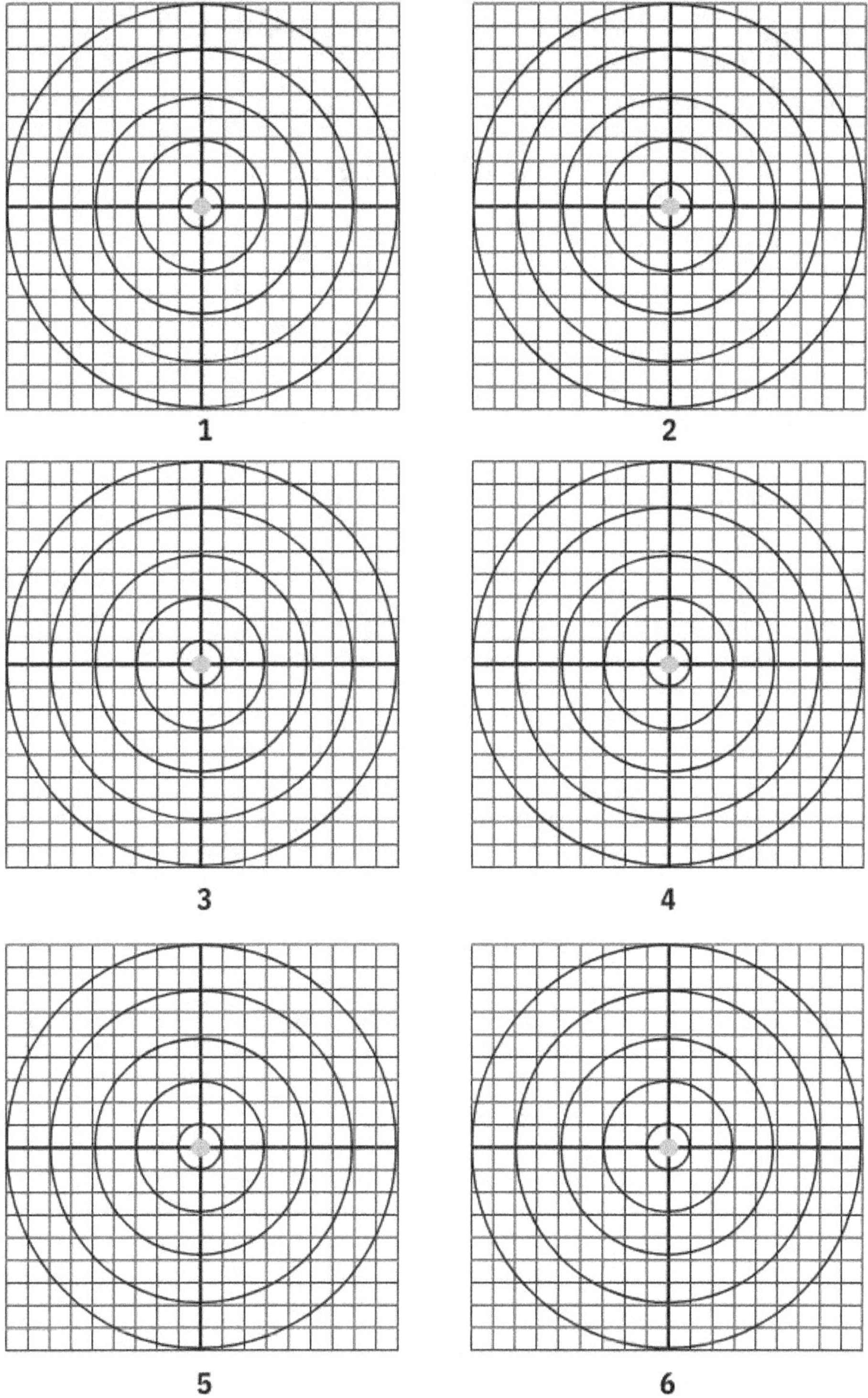

Un'idea regalo perfetta per principianti e professionisti

Libro di bordo per il tiro sportivo

📅 Data: _______________ 🕐 Tempo: _________

📍 Posizione: _______________________

Condizioni meteo

☐ ☐ ☐ ☐ ☐ ☐ _______ _______

Arma da fuoco:	
Proiettile:	Profondità di seduta:
Polvere:	Grani:
Primer:	
Ottone:	
Distanza:	

Risultati complessivi

☐ Povero ☐ Fiera ☐ Buono ☐ Eccellente

Note aggiuntive

____

____

☆ ☆ ☆ ☆ ☆

Libro di bordo per il tiro sportivo

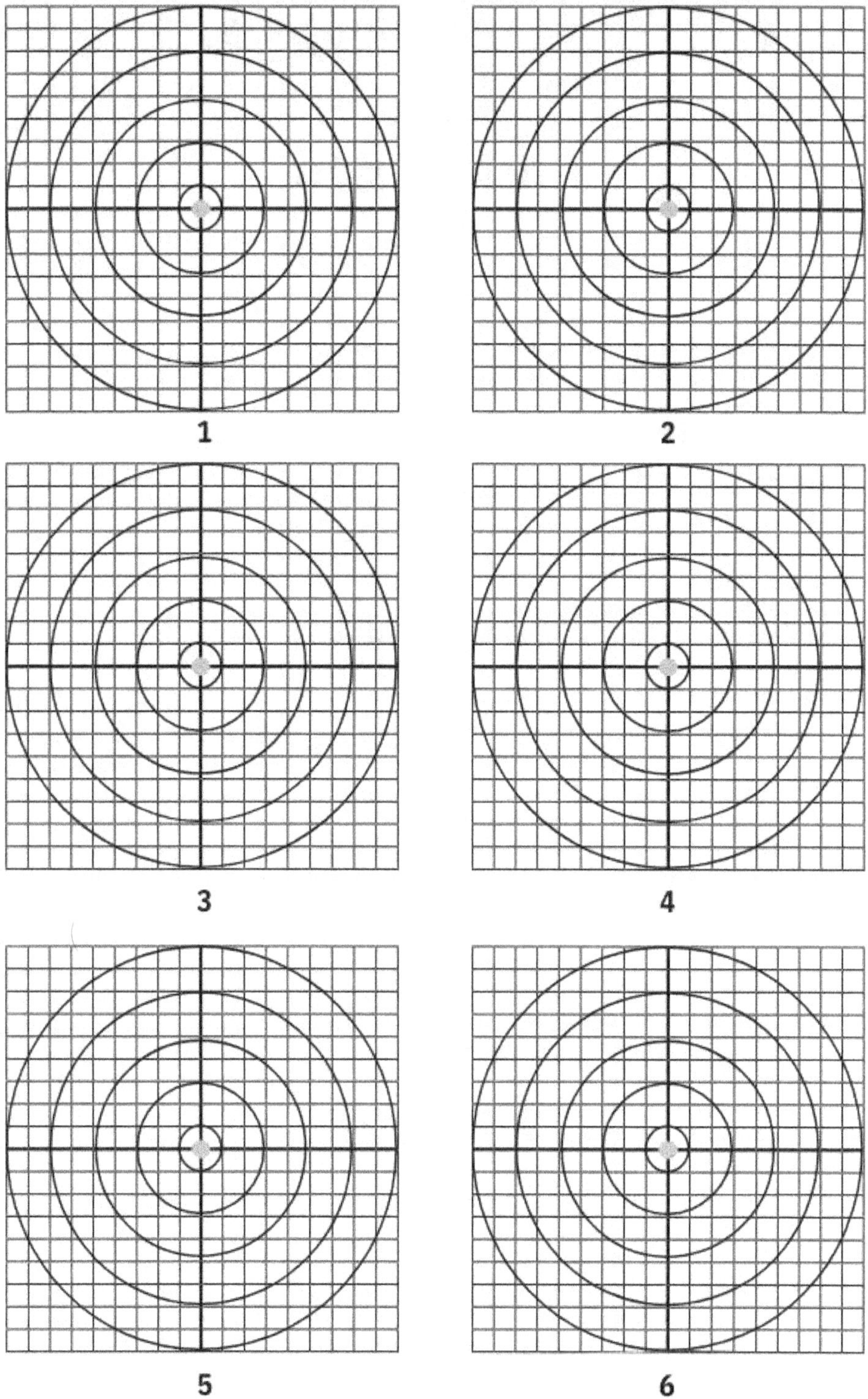

Un'idea regalo perfetta per principianti e professionisti

Libro di bordo per il tiro sportivo

📅 Data: _________________________   🕐 Tempo: _________

📍 Posizione: _________________________________

Condizioni meteo

☀ ☐   ⛅ ☐   🌥 ☐   🌦 ☐   🌧 ☐   🌨 ☐   🚩 ______   🌡 ______

Arma da fuoco:	
Proiettile:	Profondità di seduta:
Polvere:	Grani:
Primer:	
Ottone:	
Distanza:	

Risultati complessivi

☐ Povero   ☐ Fiera   ☐ Buono   ☐ Eccellente

Note aggiuntive

____

____

____

☆ ☆ ☆ ☆ ☆

Un'idea regalo perfetta per principianti e professionisti

Libro di bordo per il tiro sportivo

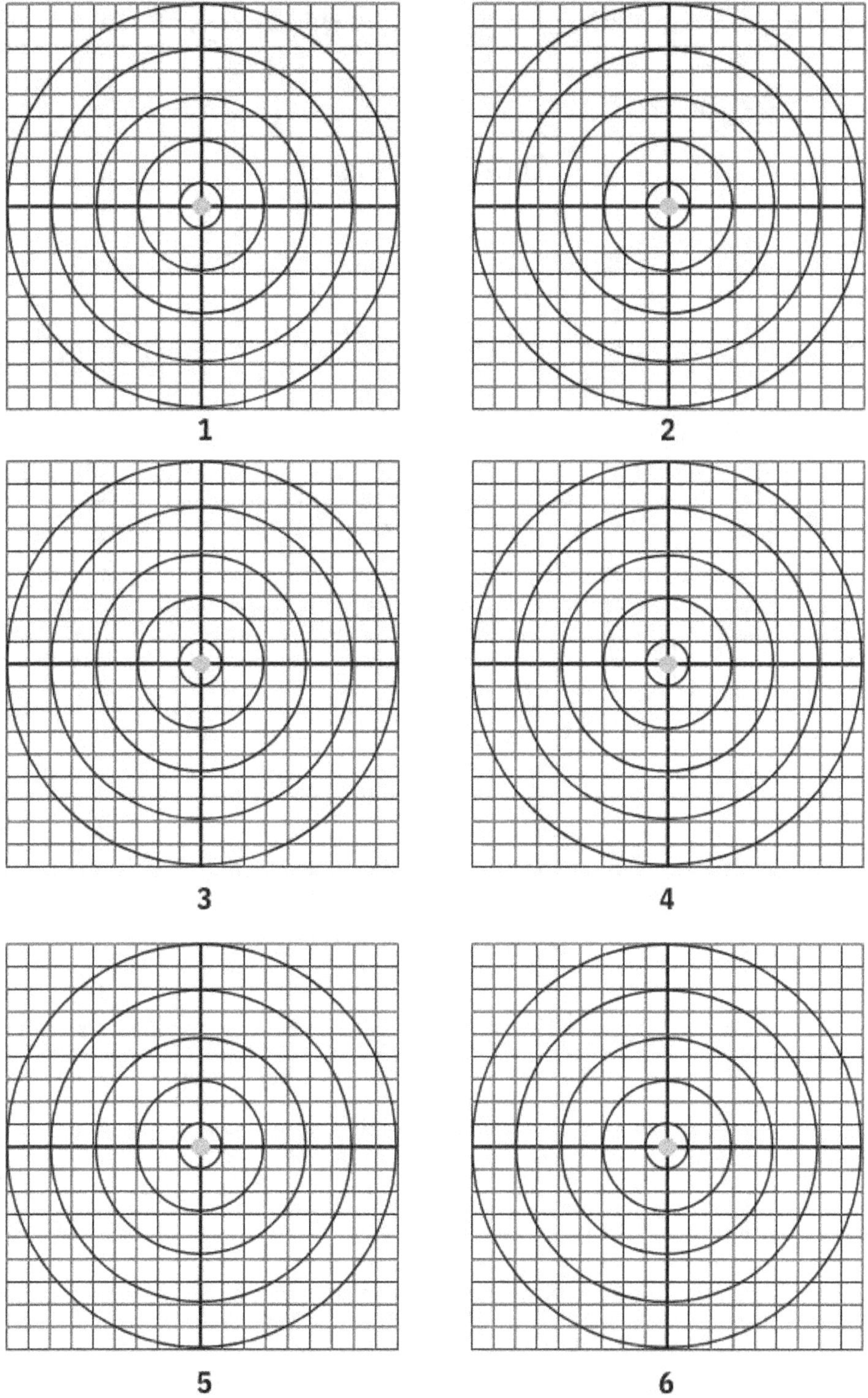

Un'idea regalo perfetta per principianti e professionisti

Libro di bordo per il tiro sportivo

Data: _______________________   Tempo: ___________

Posizione: ____

Condizioni meteo

☐   ☐   ☐   ☐   ☐   ☐   _______   _______

Arma da fuoco:	
Proiettile:	Profondità di seduta:
Polvere:	Grani:
Primer:	
Ottone:	
Distanza:	

Risultati complessivi

☐ Povero   ☐ Fiera   ☐ Buono   ☐ Eccellente

Note aggiuntive

____

____

☆ ☆ ☆ ☆ ☆

Un'idea regalo perfetta per principianti e professionisti

Libro di bordo per il tiro sportivo

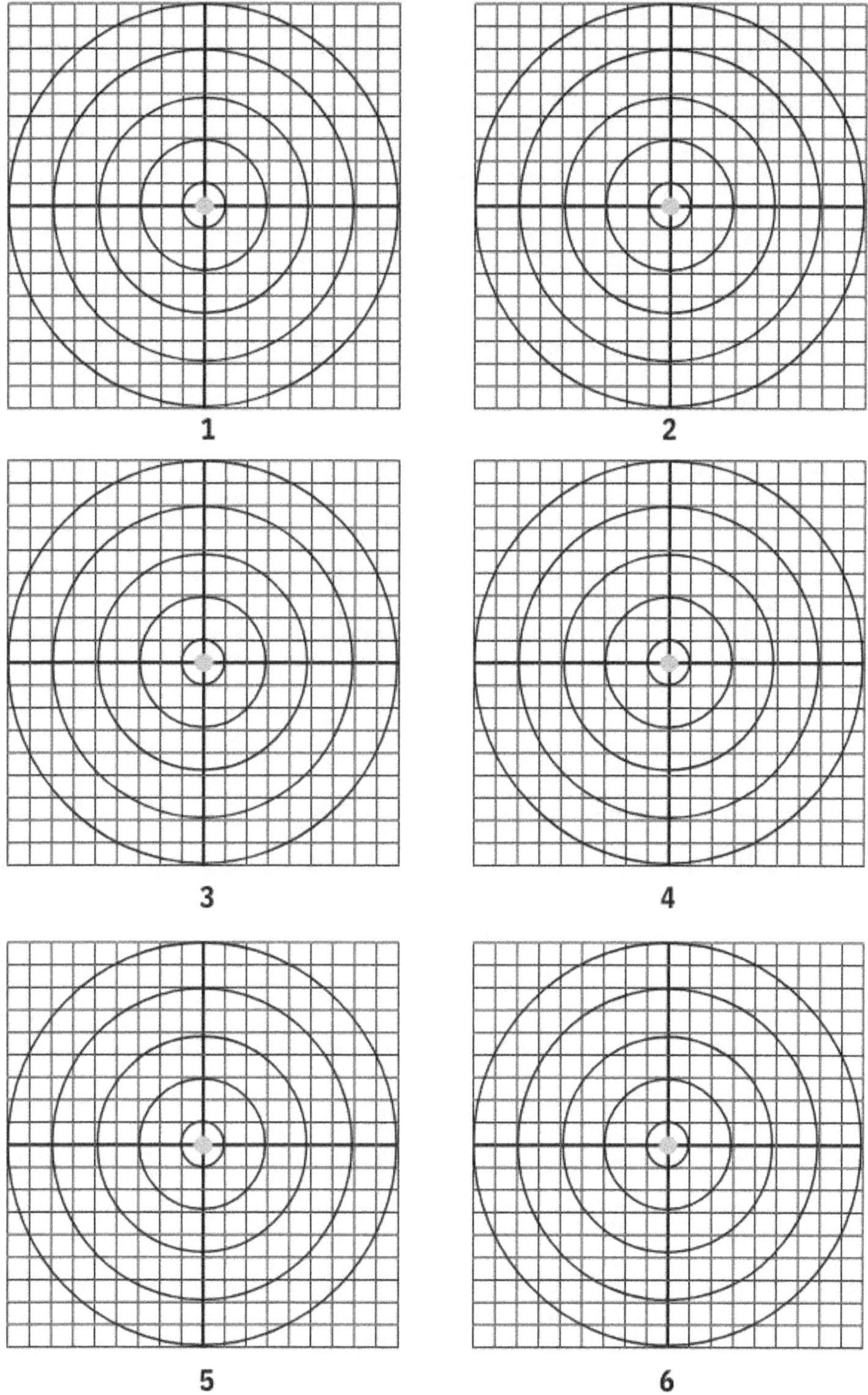

Un'idea regalo perfetta per principianti e professionisti

Libro di bordo per il tiro sportivo

📅 Data: _____________________ 🕐 Tempo: _________

📍 Posizione: _____________________________

Condizioni meteo

☐   ☐   ☐   ☐   ☐   ☐   🚩 _____   🌡 _____

Arma da fuoco:	
Proiettile:	Profondità di seduta:
Polvere:	Grani:
Primer:	
Ottone:	
Distanza:	

Risultati complessivi

☐ Povero   ☐ Fiera   ☐ Buono   ☐ Eccellente

Note aggiuntive

____

____

☆ ☆ ☆ ☆ ☆

Un'idea regalo perfetta per principianti e professionisti

Libro di bordo per il tiro sportivo

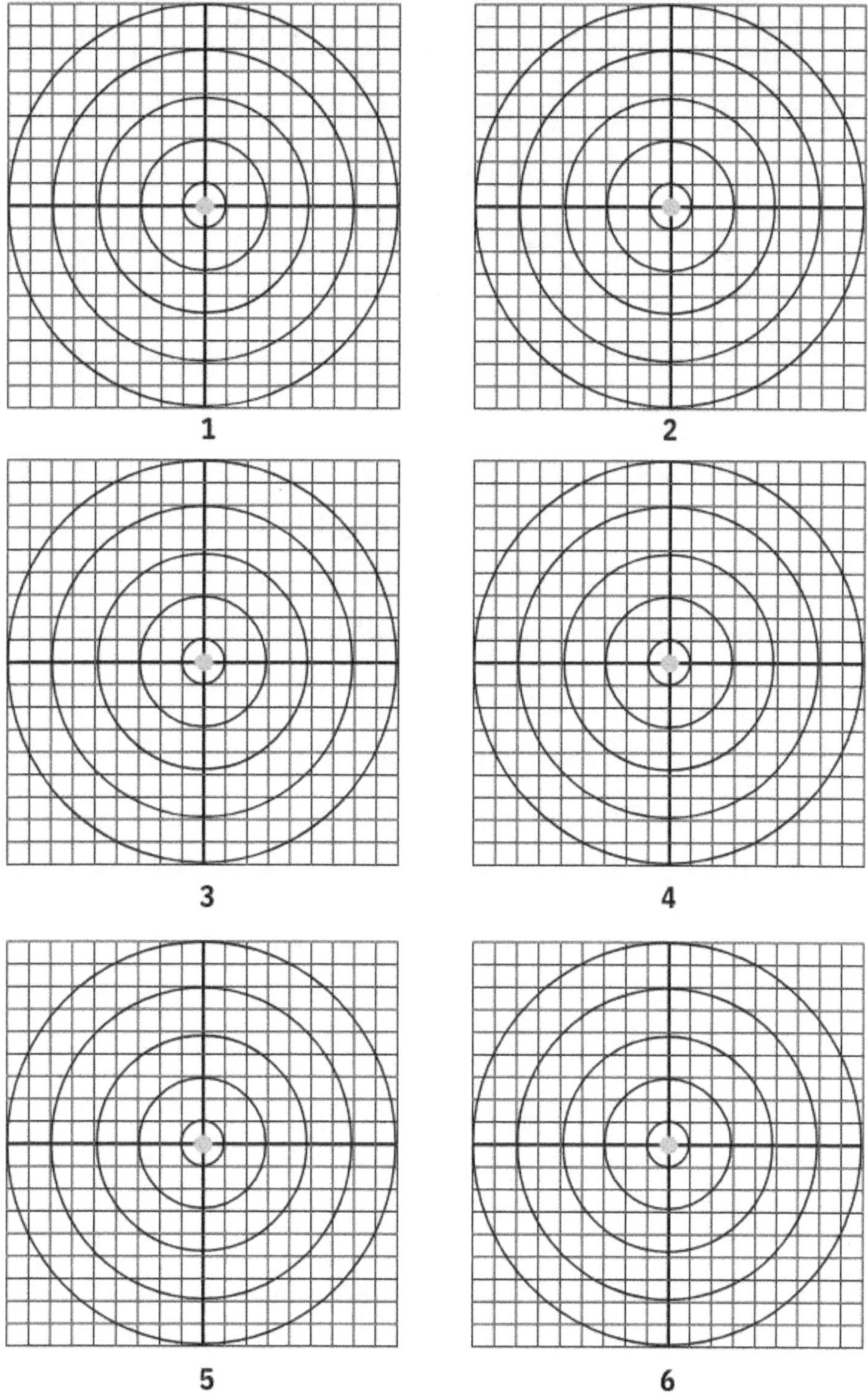

Un'idea regalo perfetta per principianti e professionisti

Libro di bordo per il tiro sportivo

📅 Data: _________________________ 🕐 Tempo: _________

📍 Posizione: ____

Condizioni meteo

☐   ☐   ☐   ☐   ☐   ☐   ⚑ _______   🌡 _______

Arma da fuoco:	
Proiettile:	Profondità di seduta:
Polvere:	Grani:
Primer:	
Ottone:	
Distanza:	

Risultati complessivi

☐ Povero   ☐ Fiera   ☐ Buono   ☐ Eccellente

Note aggiuntive

____

____

☆ ☆ ☆ ☆ ☆

Un'idea regalo perfetta per principianti e professionisti

Libro di bordo per il tiro sportivo

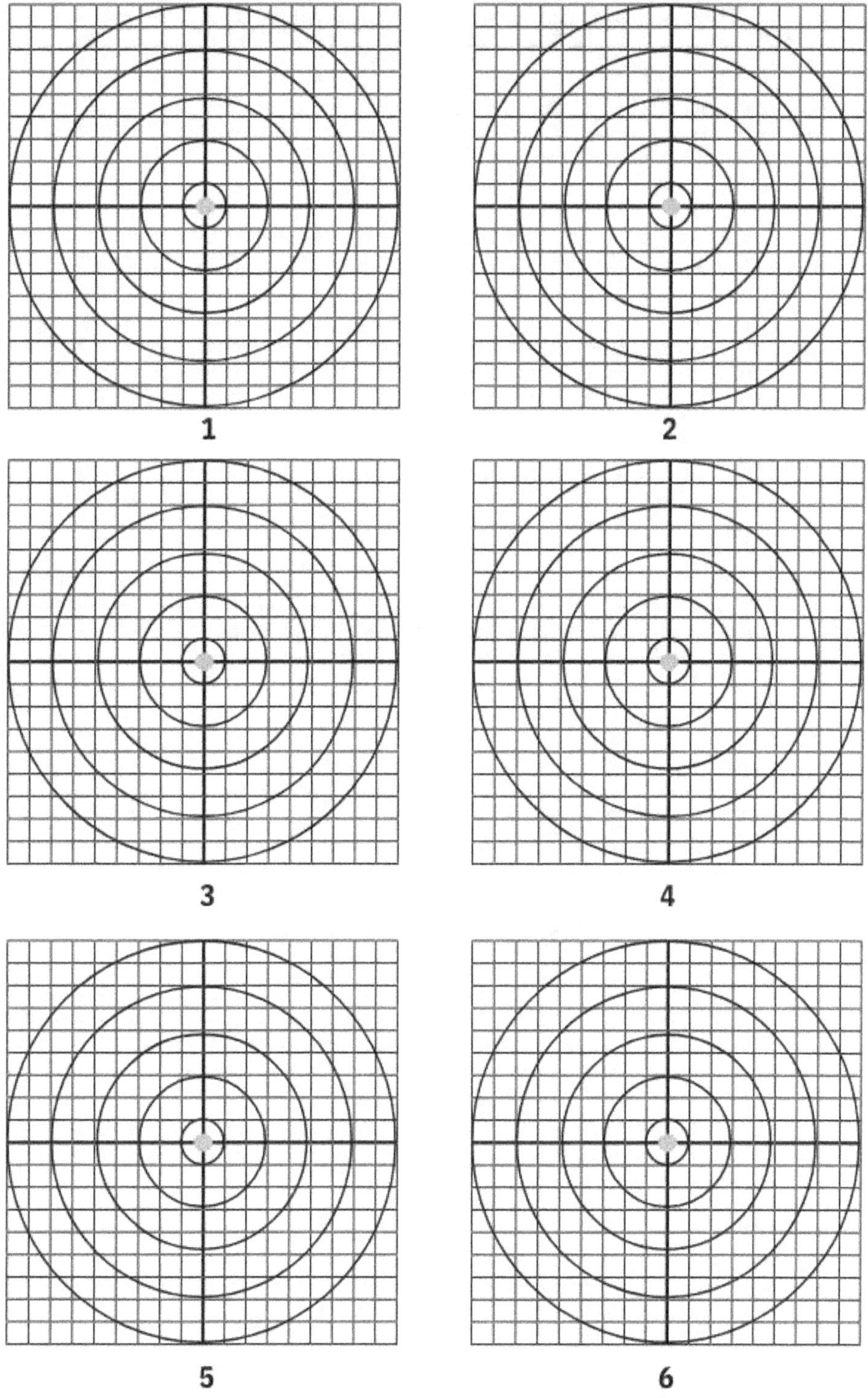

Un'idea regalo perfetta per principianti e professionisti

Libro di bordo per il tiro sportivo

📅 Data: _________________________ 🕐 Tempo: _________

📍 Posizione: ____

Condizioni meteo

☐   ☐   ☐   ☐   ☐   ☐   ⚑ _______   🌡 _______

Arma da fuoco:	
Proiettile:	Profondità di seduta:
Polvere:	Grani:
Primer:	
Ottone:	
Distanza:	

Risultati complessivi

☐ Povero   ☐ Fiera   ☐ Buono   ☐ Eccellente

Note aggiuntive

____

____

____

☆ ☆ ☆ ☆ ☆

Un'idea regalo perfetta per principianti e professionisti

Libro di bordo per il tiro sportivo

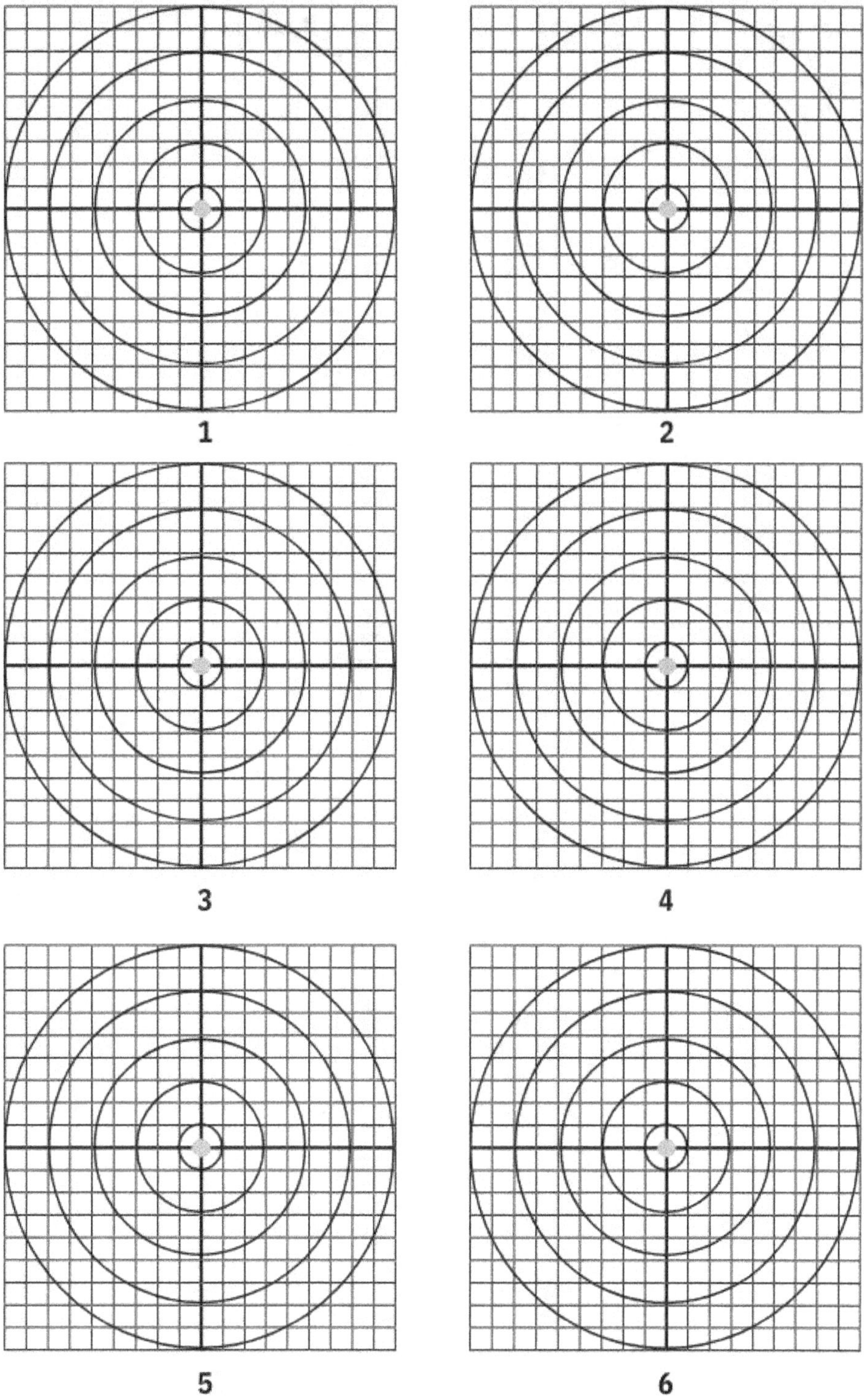

Un'idea regalo perfetta per principianti e professionisti

Libro di bordo per il tiro sportivo

📅 Data: _________________________   🕐 Tempo: _________

📍 Posizione: _______________________________________

Condizioni meteo

☀ ⛅ 🌦 🌧 ☁ 🌨 🚩 🌡

☐　☐　☐　☐　☐　☐　______　______

Arma da fuoco:	
Proiettile:	Profondità di seduta:
Polvere:	Grani:
Primer:	
Ottone:	
Distanza:	

Risultati complessivi

☐ Povero　☐ Fiera　☐ Buono　☐ Eccellente

Note aggiuntive

____

____

____

☆ ☆ ☆ ☆ ☆

Un'idea regalo perfetta per principianti e professionisti

Libro di bordo per il tiro sportivo

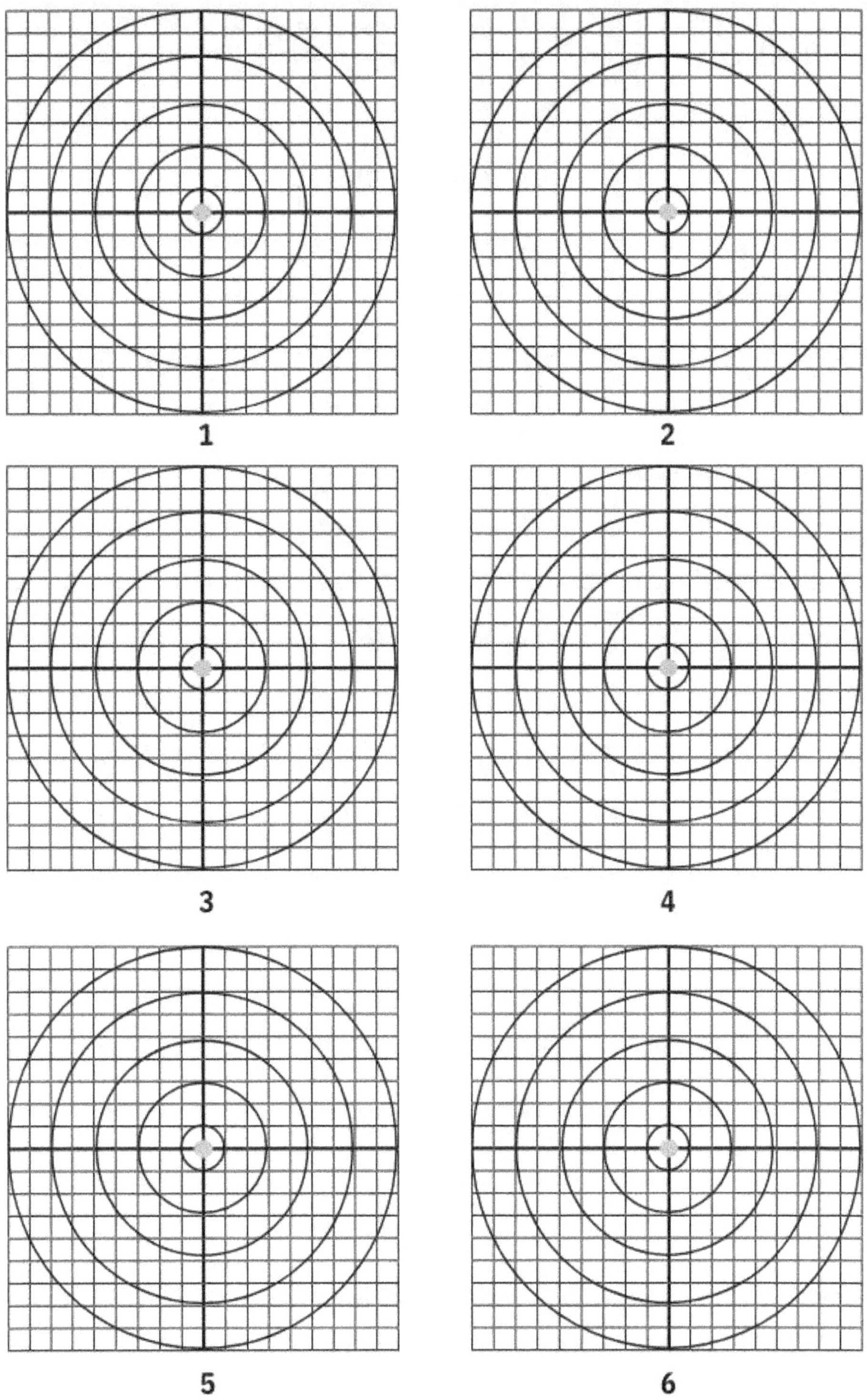

Un'idea regalo perfetta per principianti e professionisti

Libro di bordo per il tiro sportivo

📅 Data: _________________________ 🕐 Tempo: _________

📍 Posizione: _________________________________

Condizioni meteo

☐ ☐ ☐ ☐ ☐ ☐ _____ _____

Arma da fuoco:	
Proiettile:	Profondità di seduta:
Polvere:	Grani:
Primer:	
Ottone:	
Distanza:	

Risultati complessivi

☐ Povero   ☐ Fiera   ☐ Buono   ☐ Eccellente

Note aggiuntive

____

____

☆ ☆ ☆ ☆ ☆

Un'idea regalo perfetta per principianti e professionisti

Libro di bordo per il tiro sportivo

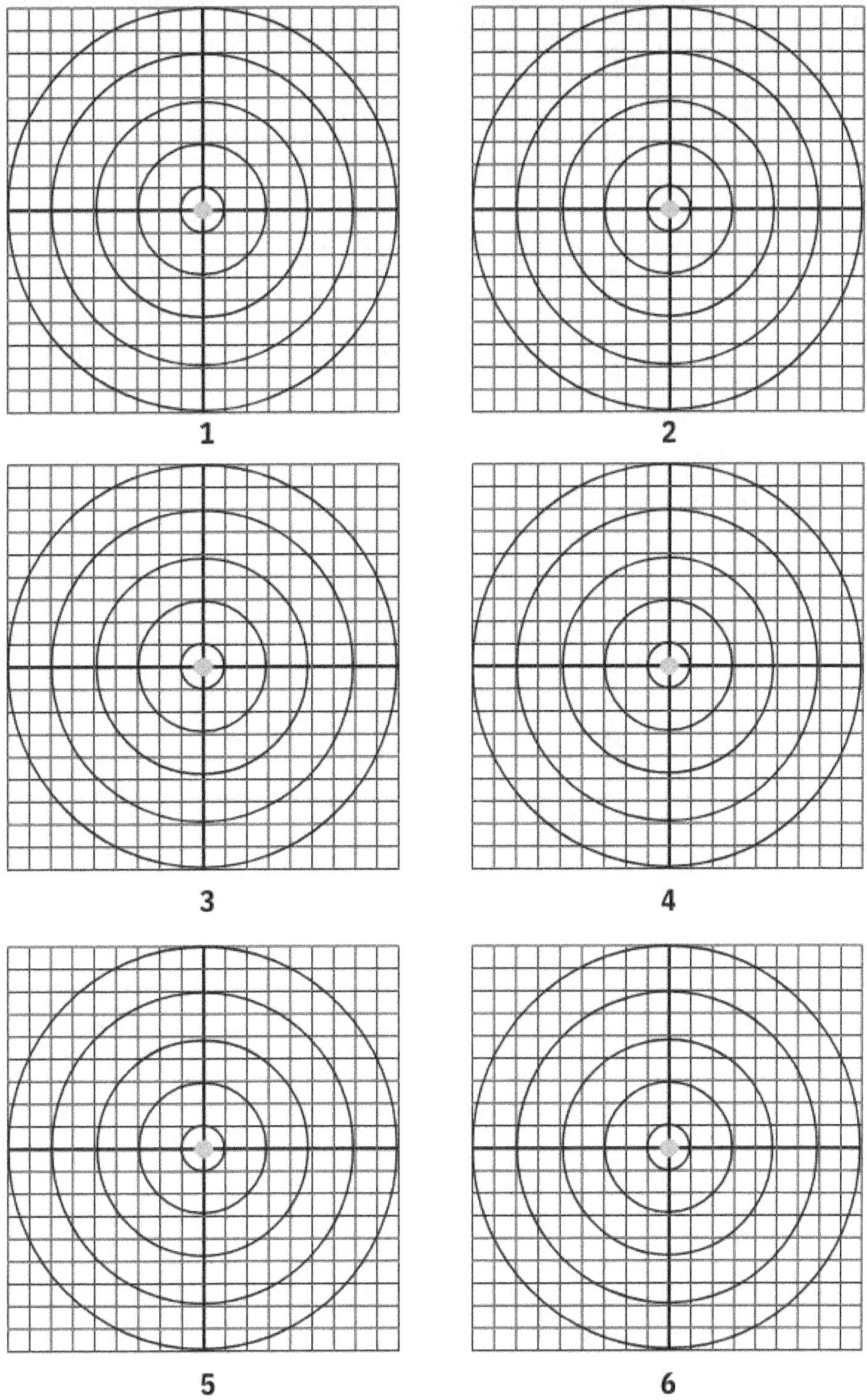

Un'idea regalo perfetta per principianti e professionisti

Libro di bordo per il tiro sportivo

📅 Data: _______________   🕐 Tempo: _________

📍 Posizione: _______________________________

Condizioni meteo

☐　☐　☐　☐　☐　☐　▱ _______　🌡 _______

Arma da fuoco:		
Proiettile:	Profondità di seduta:	
Polvere:	Grani:	
Primer:		
Ottone:		
Distanza:		

Risultati complessivi

☐ Povero　　☐ Fiera　　☐ Buono　　☐ Eccellente

Note aggiuntive

____

____

____

☆ ☆ ☆ ☆ ☆

Un'idea regalo perfetta per principianti e professionisti

Libro di bordo per il tiro sportivo

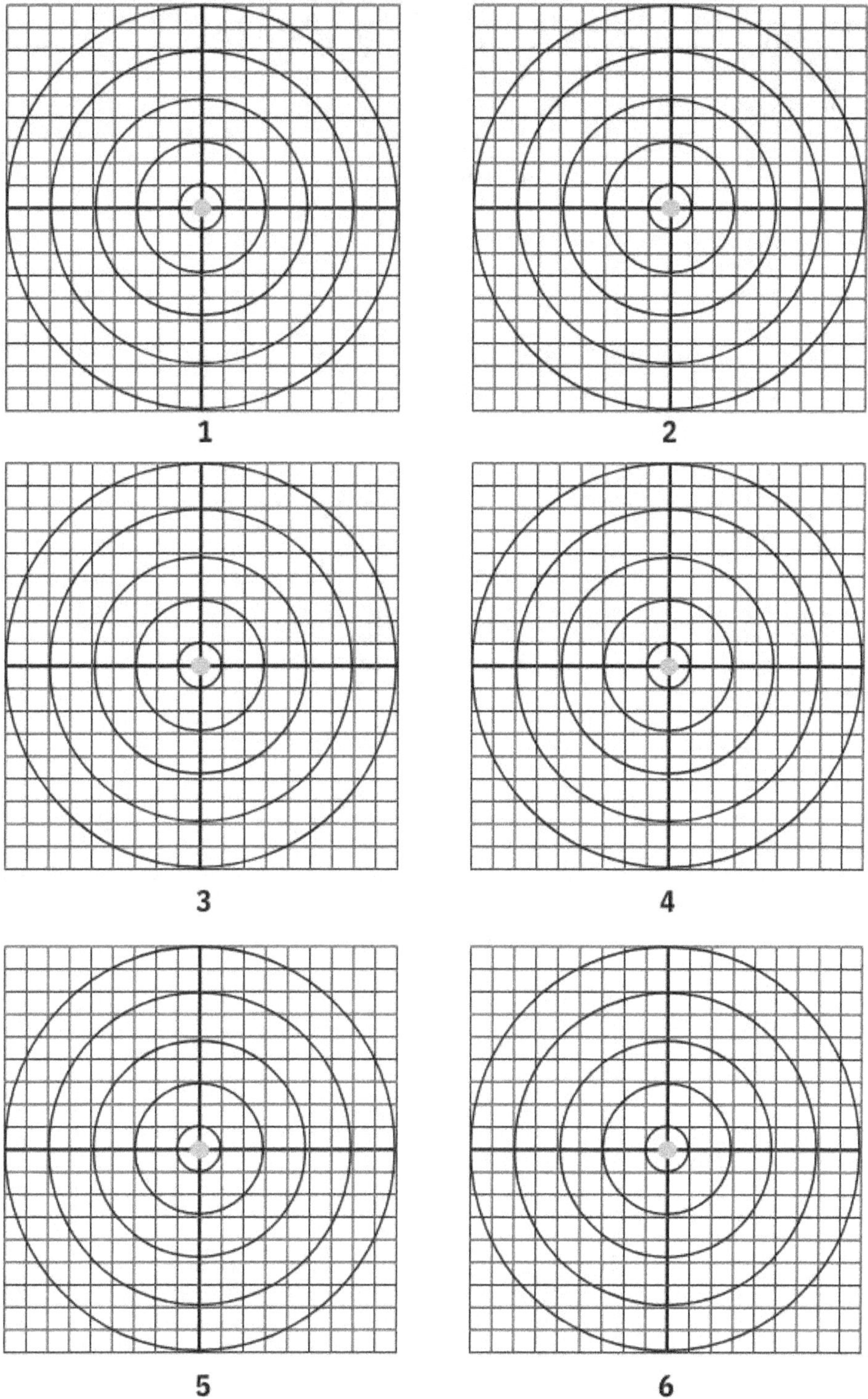

Un'idea regalo perfetta per principianti e professionisti

Libro di bordo per il tiro sportivo

📅 Data: _______________________ 🕐 Tempo: __________

📍 Posizione: _______________________________________

Condizioni meteo

☐ ☐ ☐ ☐ ☐ ☐ ▷ ________ 🌡 ________

Arma da fuoco:	
Proiettile:	Profondità di seduta:
Polvere:	Grani:
Primer:	
Ottone:	
Distanza:	

Risultati complessivi

☐ Povero   ☐ Fiera   ☐ Buono   ☐ Eccellente

Note aggiuntive

____

____

☆ ☆ ☆ ☆ ☆

Un'idea regalo perfetta per principianti e professionisti

Libro di bordo per il tiro sportivo

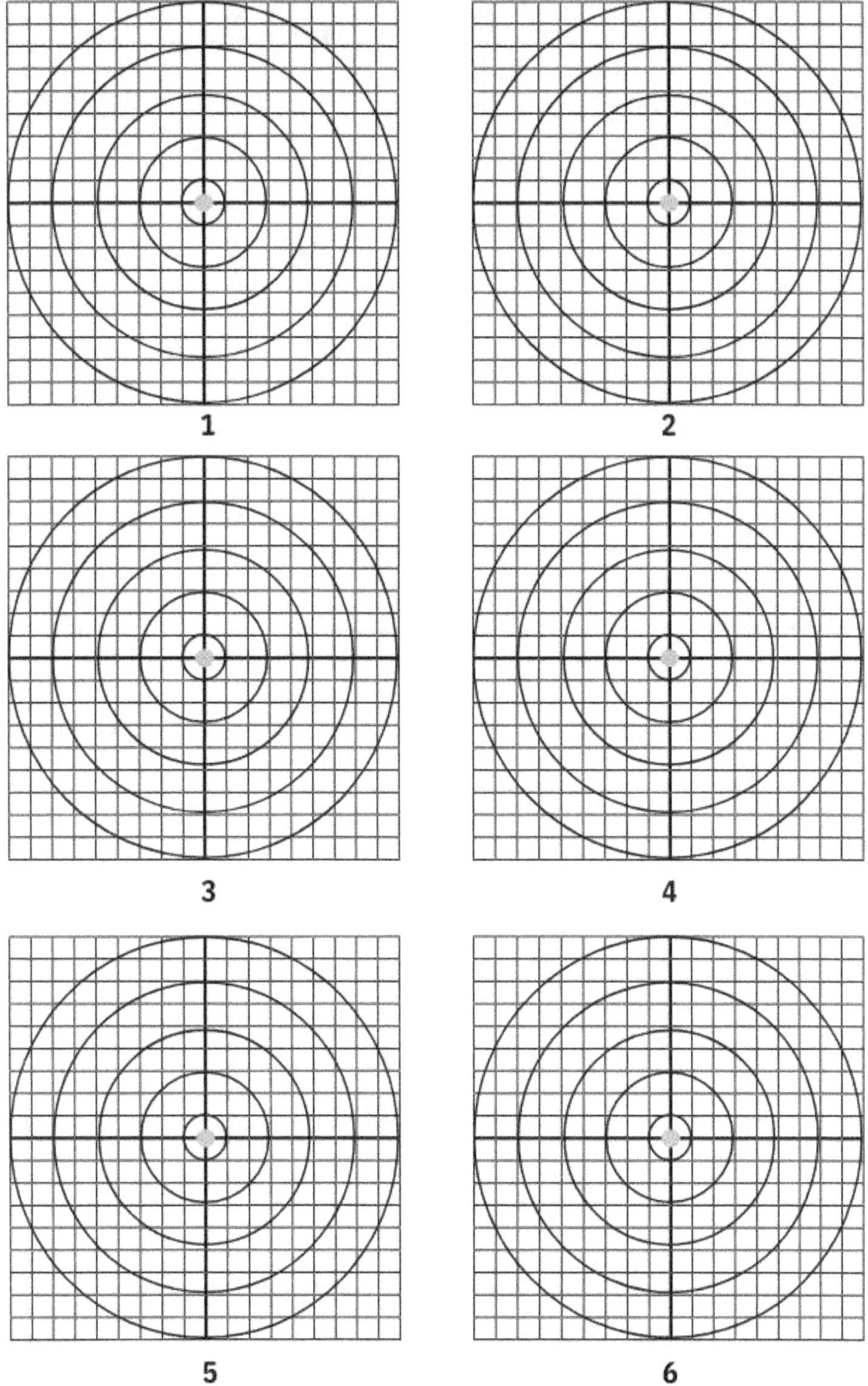

Un'idea regalo perfetta per principianti e professionisti

Libro di bordo per il tiro sportivo

📅 Data: _________________________ 🕐 Tempo: __________

📍 Posizione: _________________________________

Condizioni meteo

☐ ☐ ☐ ☐ ☐ ☐ ⚑ _______ 🌡 _______

Arma da fuoco:	
Proiettile:	Profondità di seduta:
Polvere:	Grani:
Primer:	
Ottone:	
Distanza:	

Risultati complessivi

☐ Povero ☐ Fiera ☐ Buono ☐ Eccellente

Note aggiuntive

____

____

☆ ☆ ☆ ☆ ☆

Un'idea regalo perfetta per principianti e professionisti

Libro di bordo per il tiro sportivo

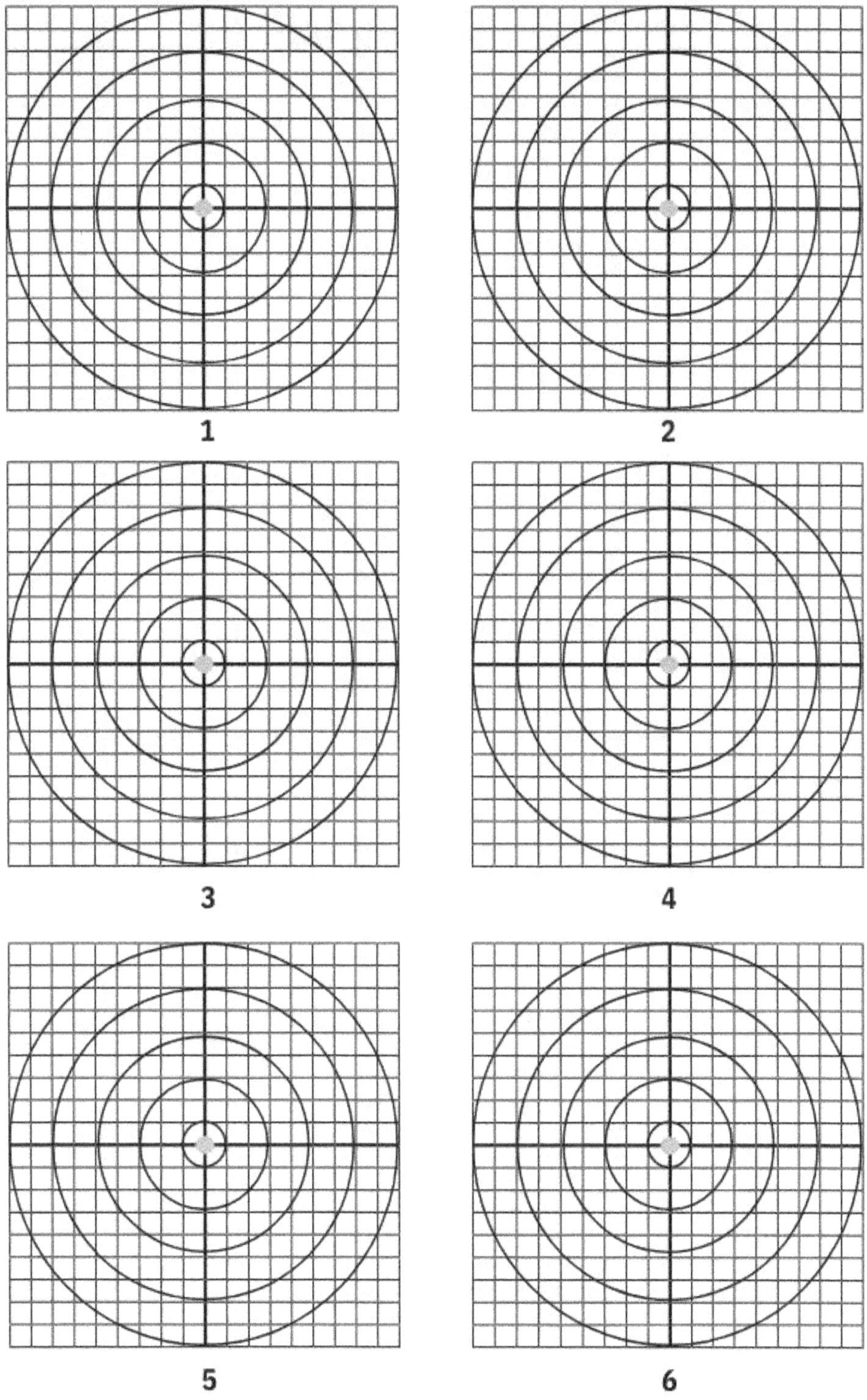

Un'idea regalo perfetta per principianti e professionisti

Libro di bordo per il tiro sportivo

📅 Data: _________________ 🕐 Tempo: _______

📍 Posizione: _____________________________

Condizioni meteo

☐ ☐ ☐ ☐ ☐ ☐ ⚑ _______ 🌡 _______

Arma da fuoco:	
Proiettile:	Profondità di seduta:
Polvere:	Grani:
Primer:	
Ottone:	
Distanza:	

Risultati complessivi

☐ Povero ☐ Fiera ☐ Buono ☐ Eccellente

Note aggiuntive

____

____

☆ ☆ ☆ ☆ ☆

Un'idea regalo perfetta per principianti e professionisti

Libro di bordo per il tiro sportivo

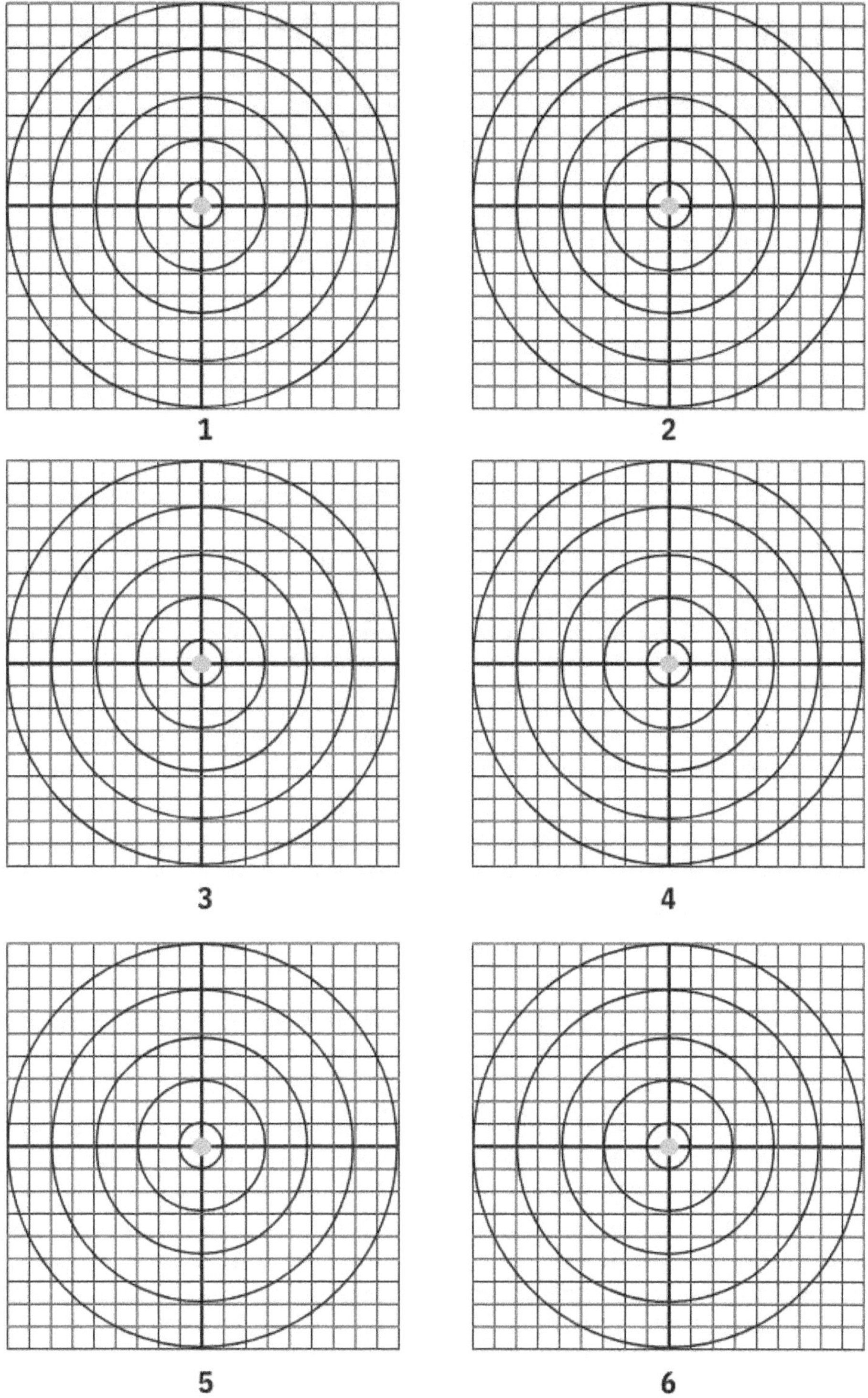

Un'idea regalo perfetta per principianti e professionisti

Libro di bordo per il tiro sportivo

📅 Data: _________________ 🕐 Tempo: _________

📍 Posizione: _______________________________

Condizioni meteo

☀ ☐   ⛅ ☐   🌥 ☐   🌧 ☐   🌧 ☐   🌨 ☐   🚩 _______   🌡 _______

Arma da fuoco:	
Proiettile:	Profondità di seduta:
Polvere:	Grani:
Primer:	
Ottone:	
Distanza:	

Risultati complessivi

☐ Povero   ☐ Fiera   ☐ Buono   ☐ Eccellente

Note aggiuntive

____

____

☆ ☆ ☆ ☆ ☆

Un'idea regalo perfetta per principianti e professionisti

Libro di bordo per il tiro sportivo

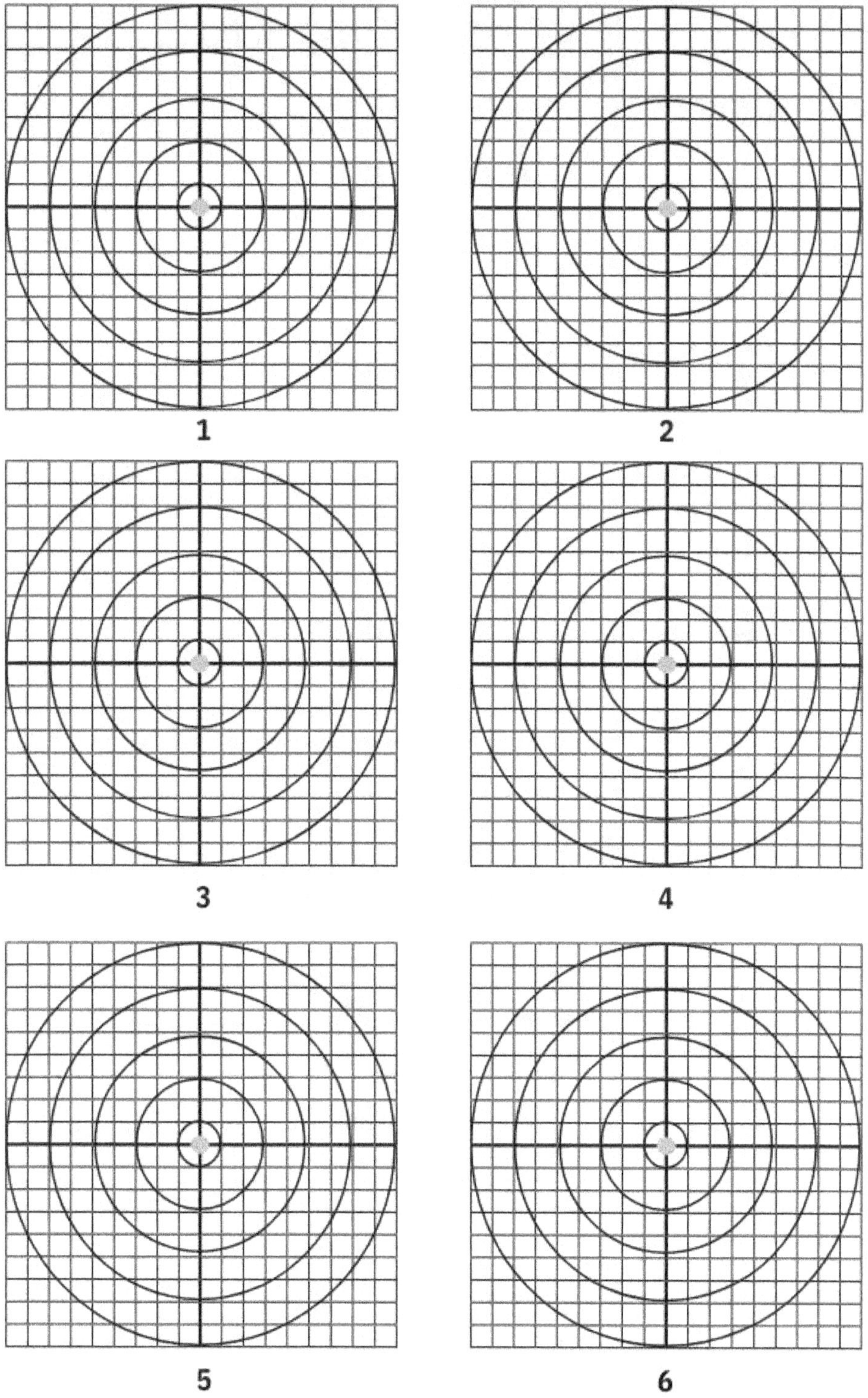

Un'idea regalo perfetta per principianti e professionisti

Libro di bordo per il tiro sportivo

📅 Data: _________________ 🕐 Tempo: _________

📍 Posizione: _______________________________

Condizioni meteo

☐   ☐   ☐   ☐   ☐   ☐   ______   ______

Arma da fuoco:	
Proiettile:	Profondità di seduta:
Polvere:	Grani:
Primer:	
Ottone:	
Distanza:	

Risultati complessivi

☐ Povero   ☐ Fiera   ☐ Buono   ☐ Eccellente

Note aggiuntive

____

____

____

☆ ☆ ☆ ☆ ☆

Un'idea regalo perfetta per principianti e professionisti

Libro di bordo per il tiro sportivo

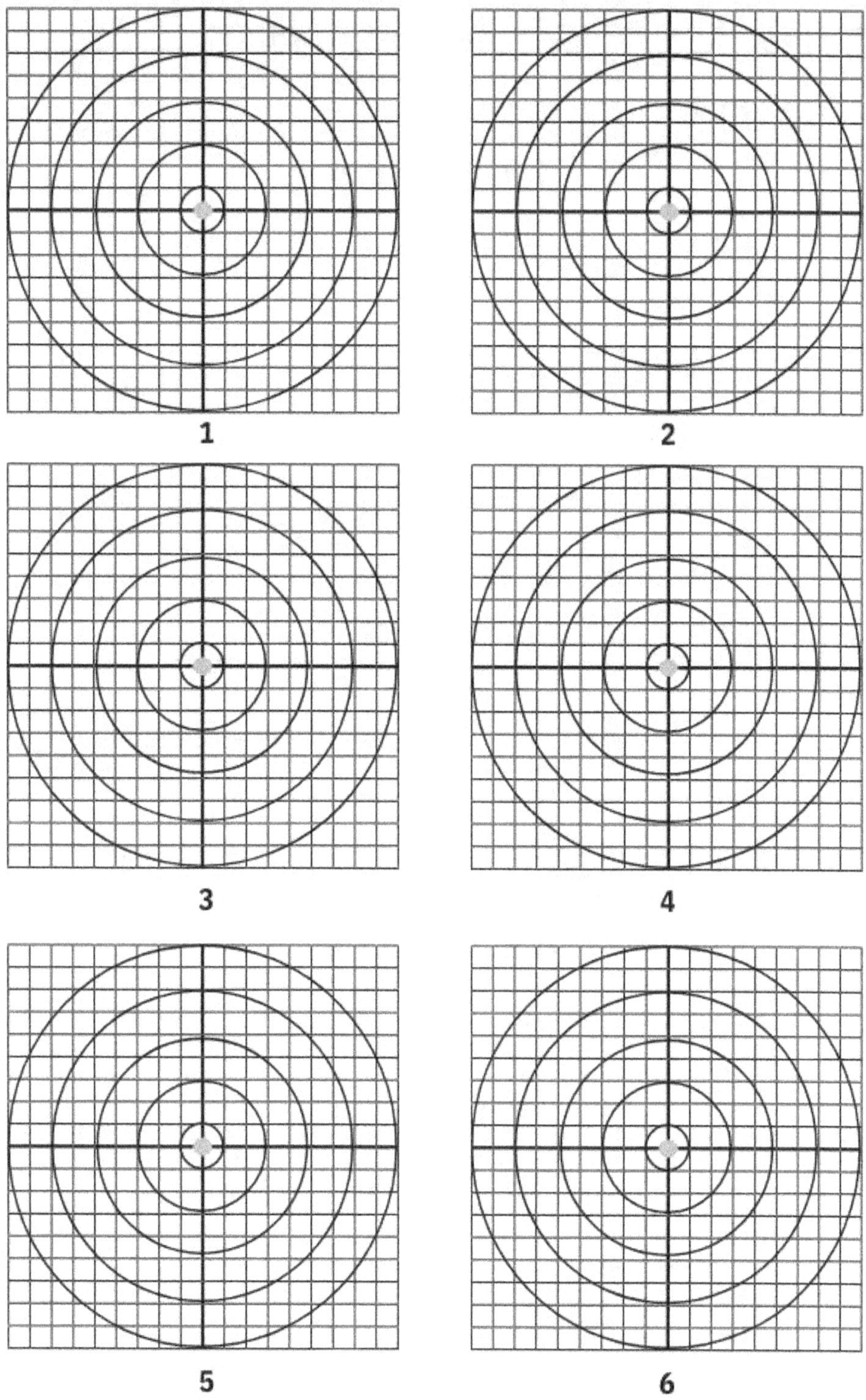

Un'idea regalo perfetta per principianti e professionisti

Libro di bordo per il tiro sportivo

📅 Data: ________________________   🕐 Tempo: __________

📍 Posizione: _______________________________________

Condizioni meteo

☐ ☐ ☐ ☐ ☐ ☐ 🏳 ________ 🌡 ________

Arma da fuoco:	
Proiettile:	Profondità di seduta:
Polvere:	Grani:
Primer:	
Ottone:	
Distanza:	

Risultati complessivi

☐ Povero   ☐ Fiera   ☐ Buono   ☐ Eccellente

Note aggiuntive

____

____

☆ ☆ ☆ ☆ ☆

Un'idea regalo perfetta per principianti e professionisti

Libro di bordo per il tiro sportivo

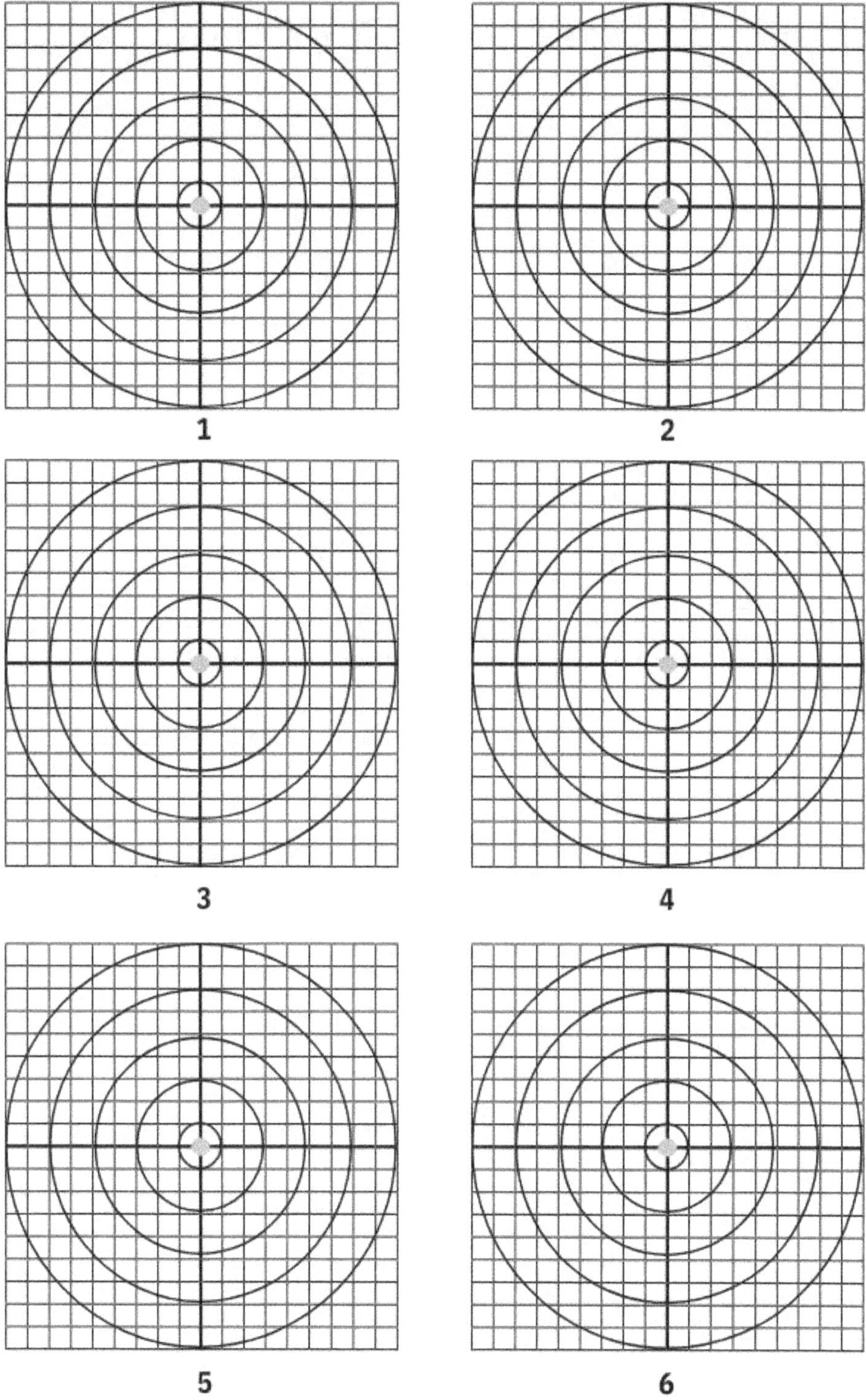

Un'idea regalo perfetta per principianti e professionisti

Libro di bordo per il tiro sportivo

📅 Data: _________________   🕐 Tempo: _________

📍 Posizione: _______________________________

Condizioni meteo

☀ ☐   ⛅ ☐   🌥 ☐   🌦 ☐   🌧 ☐   🌨 ☐   🚩 ______   🌡 ______

Arma da fuoco:	
Proiettile:	Profondità di seduta:
Polvere:	Grani:
Primer:	
Ottone:	
Distanza:	

Risultati complessivi

☐ Povero   ☐ Fiera   ☐ Buono   ☐ Eccellente

Note aggiuntive

____

____

☆ ☆ ☆ ☆ ☆

Un'idea regalo perfetta per principianti e professionisti

Libro di bordo per il tiro sportivo

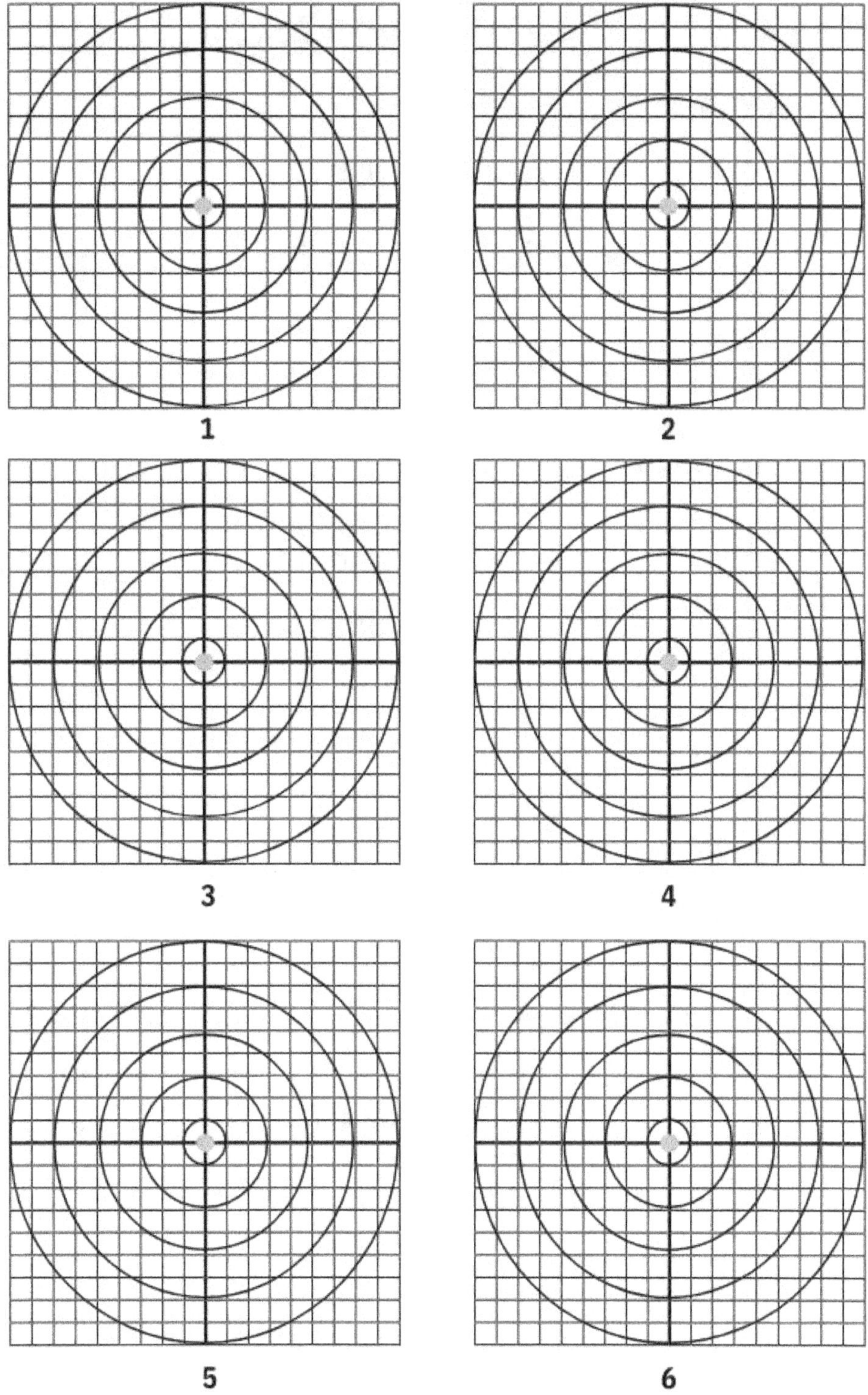

Un'idea regalo perfetta per principianti e professionisti

Libro di bordo per il tiro sportivo

Data: _________________________   Tempo: __________

Posizione: ____

Condizioni meteo

☐   ☐   ☐   ☐   ☐   ☐   ___________   ___________

Arma da fuoco:	
Proiettile:	Profondità di seduta:
Polvere:	Grani:
Primer:	
Ottone:	
Distanza:	

Risultati complessivi

☐ Povero   ☐ Fiera   ☐ Buono   ☐ Eccellente

Note aggiuntive

____

____

☆ ☆ ☆ ☆ ☆

Un'idea regalo perfetta per principianti e professionisti

Libro di bordo per il tiro sportivo

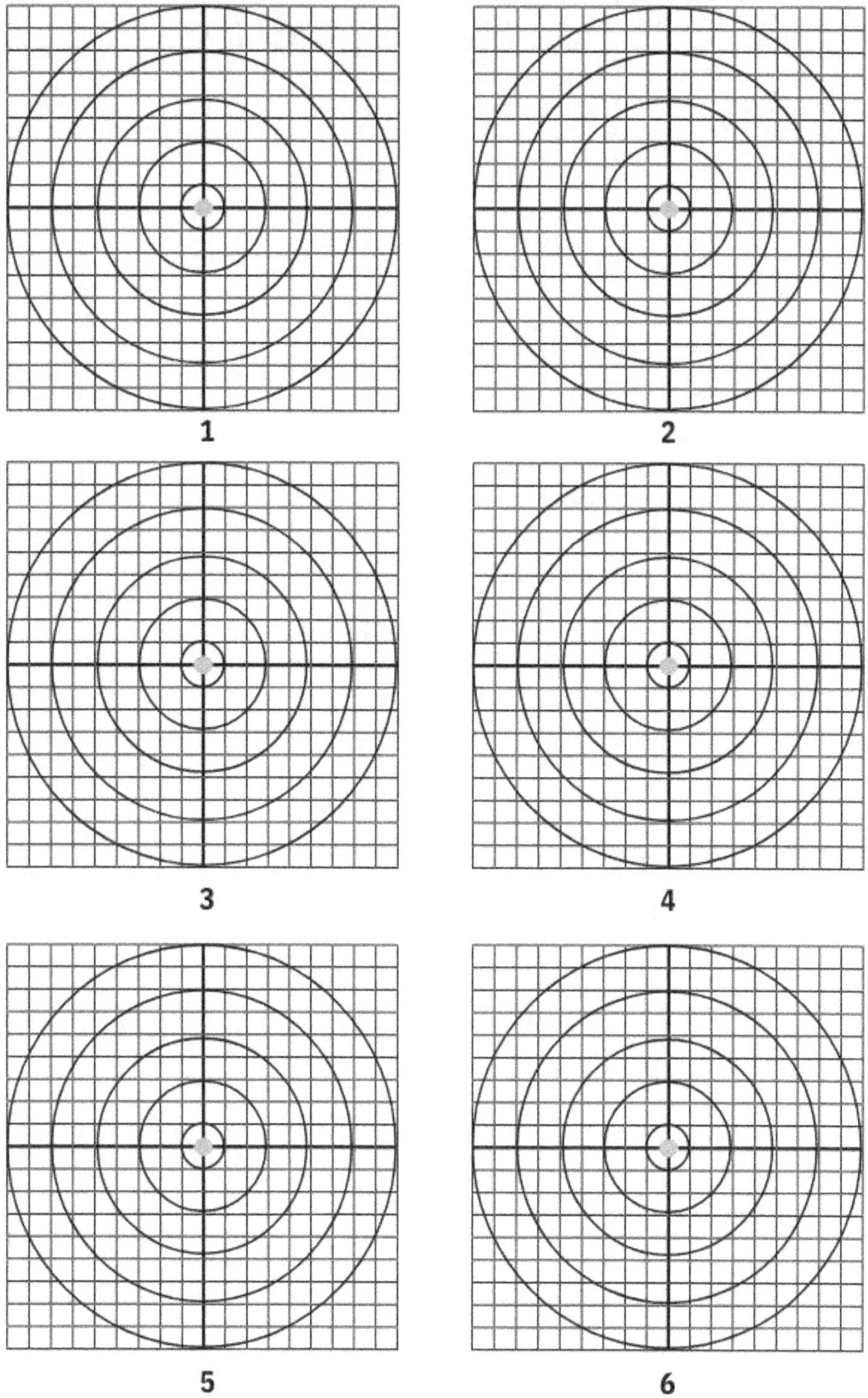

Un'idea regalo perfetta per principianti e professionisti

Libro di bordo per il tiro sportivo

📅 Data: _________________________   🕐 Tempo: _________

📍 Posizione: _______________________________________

Condizioni meteo

☐   ☐   ☐   ☐   ☐   ☐   🚩 _________   🌡 _________

Arma da fuoco:	
Proiettile:	Profondità di seduta:
Polvere:	Grani:
Primer:	
Ottone:	
Distanza:	

Risultati complessivi

☐ Povero   ☐ Fiera   ☐ Buono   ☐ Eccellente

Note aggiuntive

____

____

☆ ☆ ☆ ☆ ☆

Un'idea regalo perfetta per principianti e professionisti

Libro di bordo per il tiro sportivo

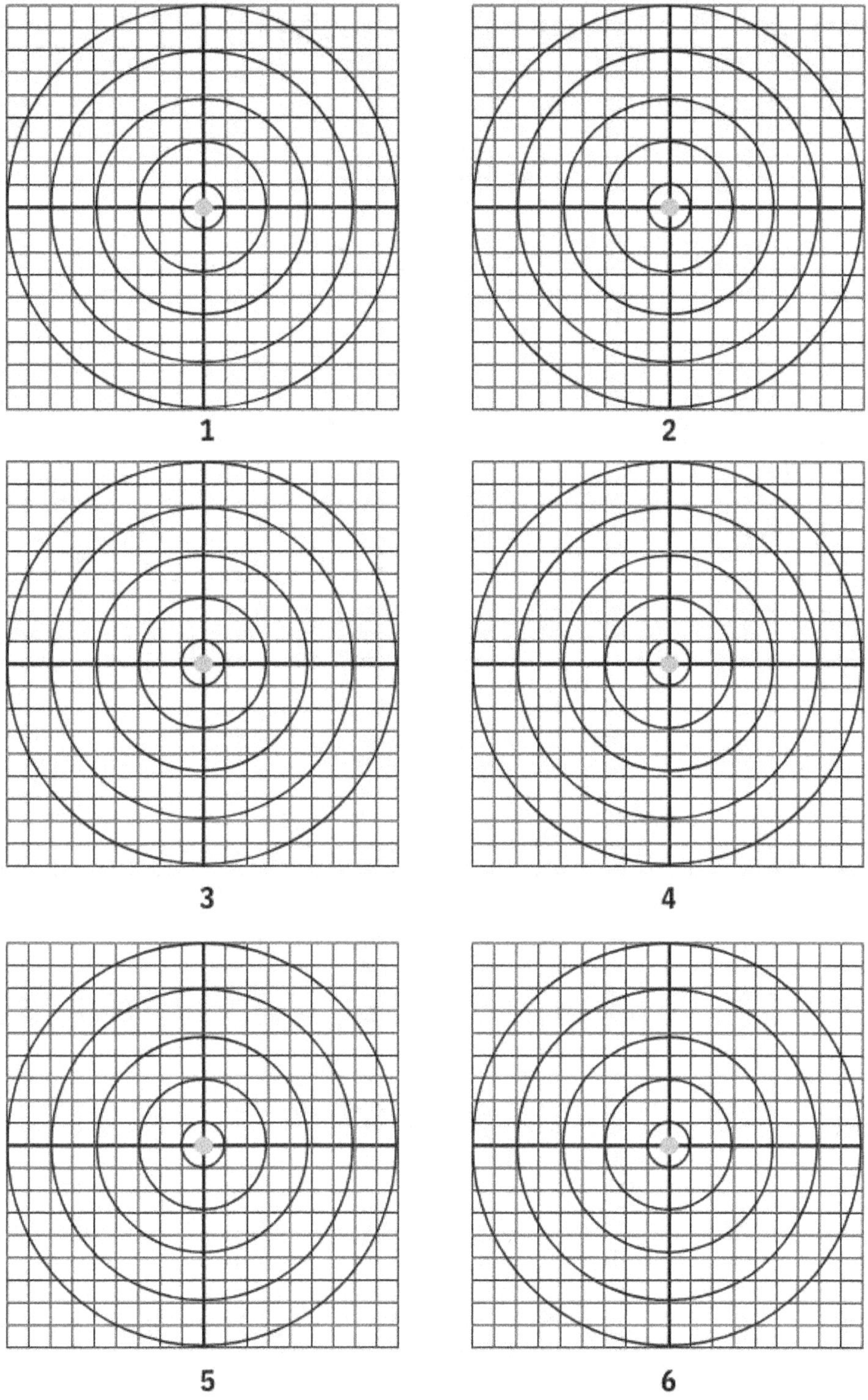

Un'idea regalo perfetta per principianti e professionisti

Libro di bordo per il tiro sportivo

📅 Data: _______________________ 🕐 Tempo: __________

📍 Posizione: ____

Condizioni meteo

☐   ☐   ☐   ☐   ☐   ☐   ____   ____

Arma da fuoco:	
Proiettile:	Profondità di seduta:
Polvere:	Grani:
Primer:	
Ottone:	
Distanza:	

Risultati complessivi

☐ Povero   ☐ Fiera   ☐ Buono   ☐ Eccellente

Note aggiuntive

____

____

____

☆ ☆ ☆ ☆ ☆

Un'idea regalo perfetta per principianti e professionisti

Libro di bordo per il tiro sportivo

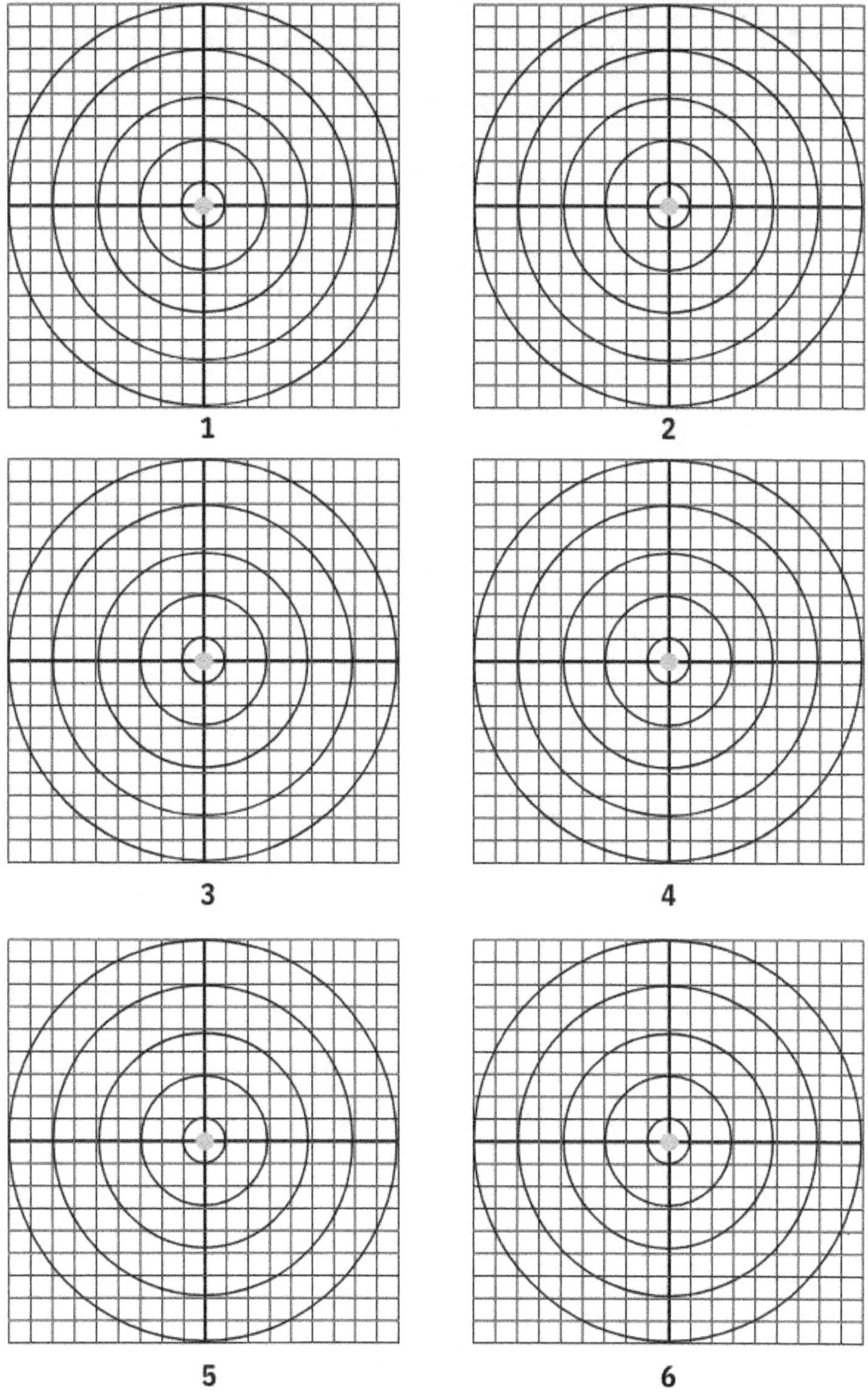

Un'idea regalo perfetta per principianti e professionisti

Libro di bordo per il tiro sportivo

📅 Data: _________________________ 🕐 Tempo: _________

📍 Posizione: ____

Condizioni meteo

☐ ☐ ☐ ☐ ☐ ☐ _______ _______

Arma da fuoco:	
Proiettile:	Profondità di seduta:
Polvere:	Grani:
Primer:	
Ottone:	
Distanza:	

Risultati complessivi

☐ Povero   ☐ Fiera   ☐ Buono   ☐ Eccellente

Note aggiuntive

____

____

____

☆ ☆ ☆ ☆ ☆

Un'idea regalo perfetta per principianti e professionisti

Libro di bordo per il tiro sportivo

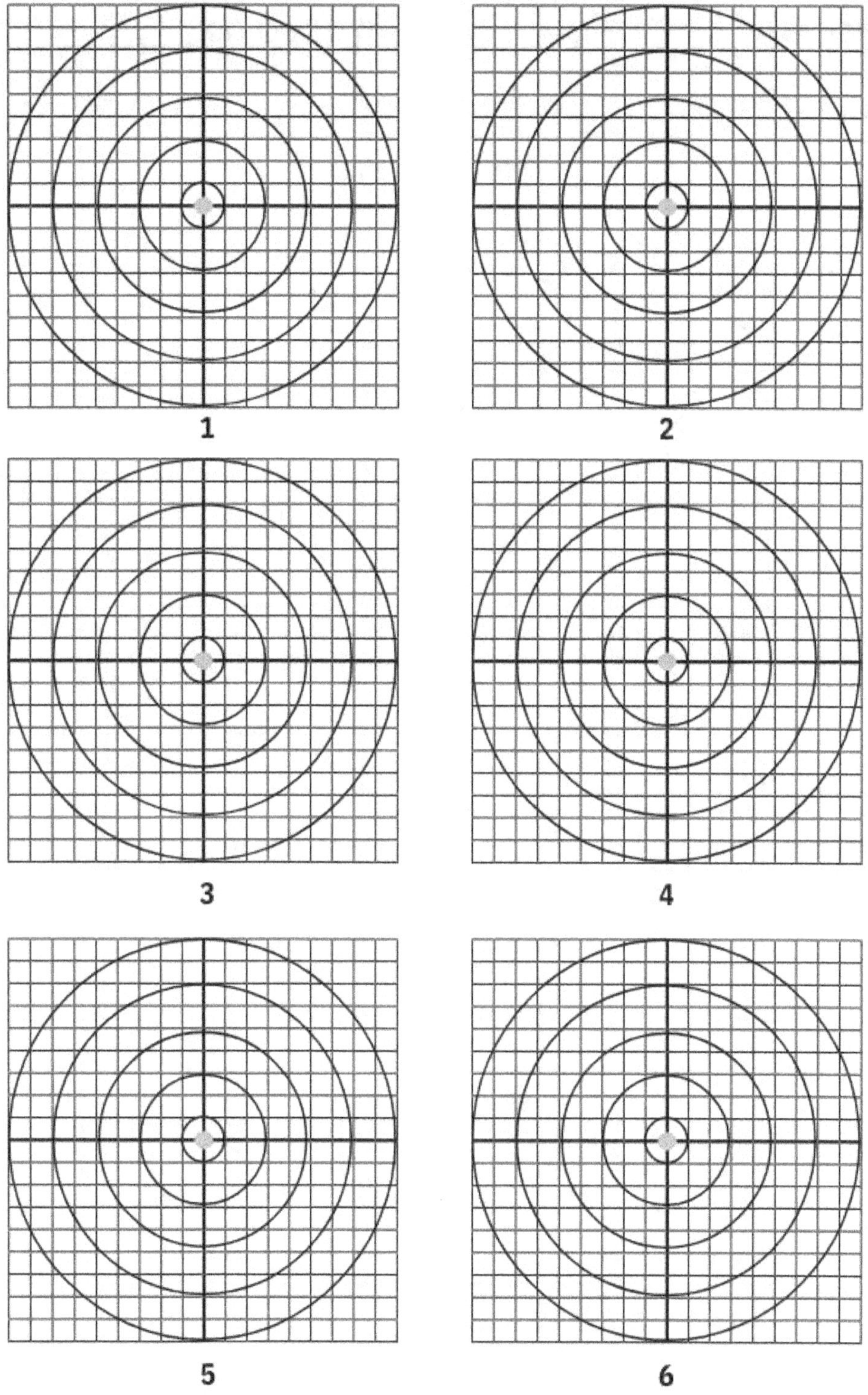

Un'idea regalo perfetta per principianti e professionisti

Libro di bordo per il tiro sportivo

📅 Data: _______________________   🕐 Tempo: __________

📍 Posizione: ____

Condizioni meteo

☀ ☐   ⛅ ☐   🌥 ☐   🌦 ☐   🌧 ☐   🌨 ☐   🚩 _______   🌡 _______

Arma da fuoco:	
Proiettile:	Profondità di seduta:
Polvere:	Grani:
Primer:	
Ottone:	
Distanza:	

Risultati complessivi

☐ Povero   ☐ Fiera   ☐ Buono   ☐ Eccellente

Note aggiuntive

____

____

☆ ☆ ☆ ☆ ☆

Un'idea regalo perfetta per principianti e professionisti

Libro di bordo per il tiro sportivo

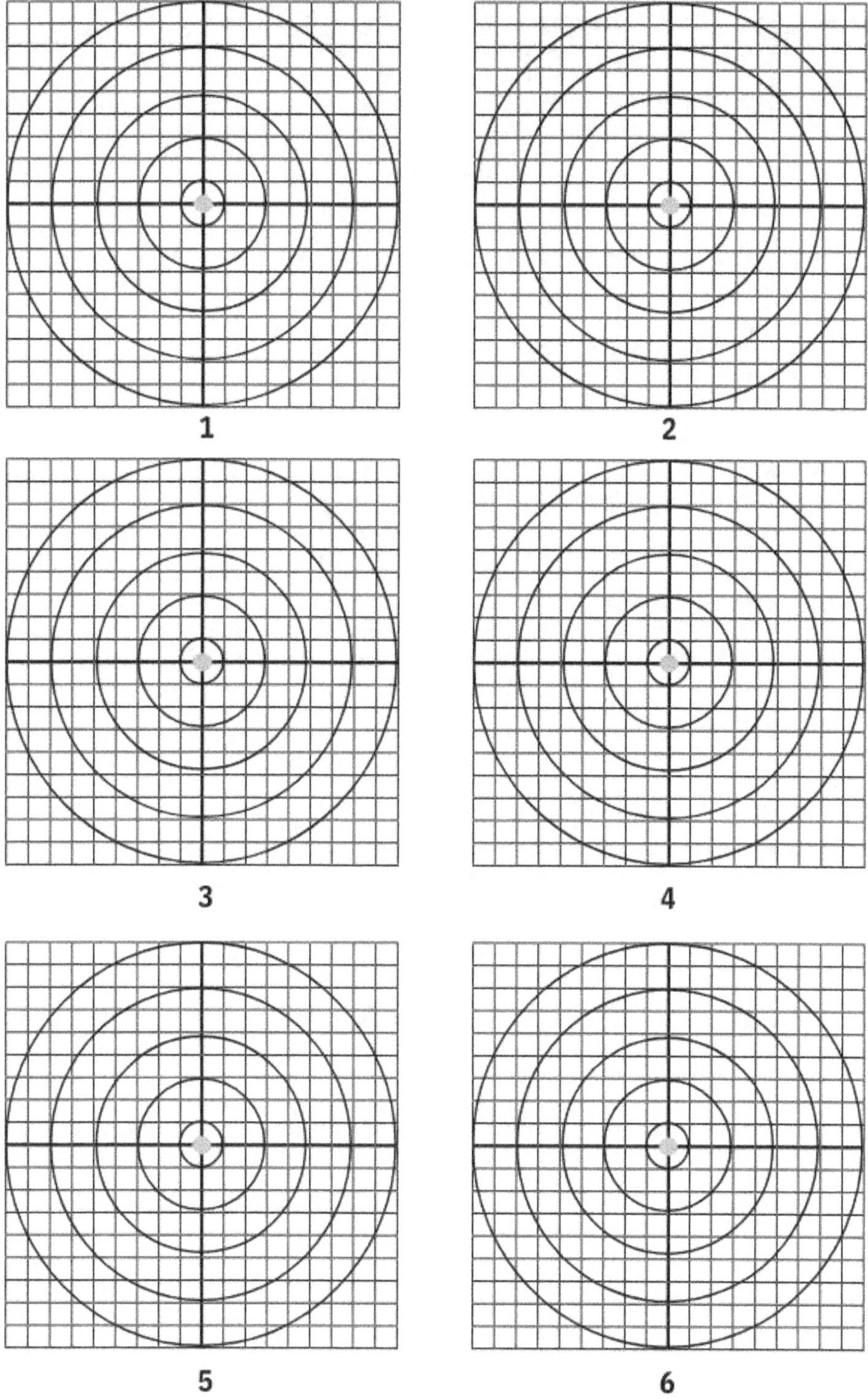

Un'idea regalo perfetta per principianti e professionisti

Libro di bordo per il tiro sportivo

📅 Data: _________________________   🕐 Tempo: _________

📍 Posizione: _________________________________

Condizioni meteo

☐   ☐   ☐   ☐   ☐   ☐   _______   _______

Arma da fuoco:	
Proiettile:	Profondità di seduta:
Polvere:	Grani:
Primer:	
Ottone:	
Distanza:	

Risultati complessivi

☐ Povero   ☐ Fiera   ☐ Buono   ☐ Eccellente

Note aggiuntive

____

____

☆ ☆ ☆ ☆ ☆

Un'idea regalo perfetta per principianti e professionisti

Libro di bordo per il tiro sportivo

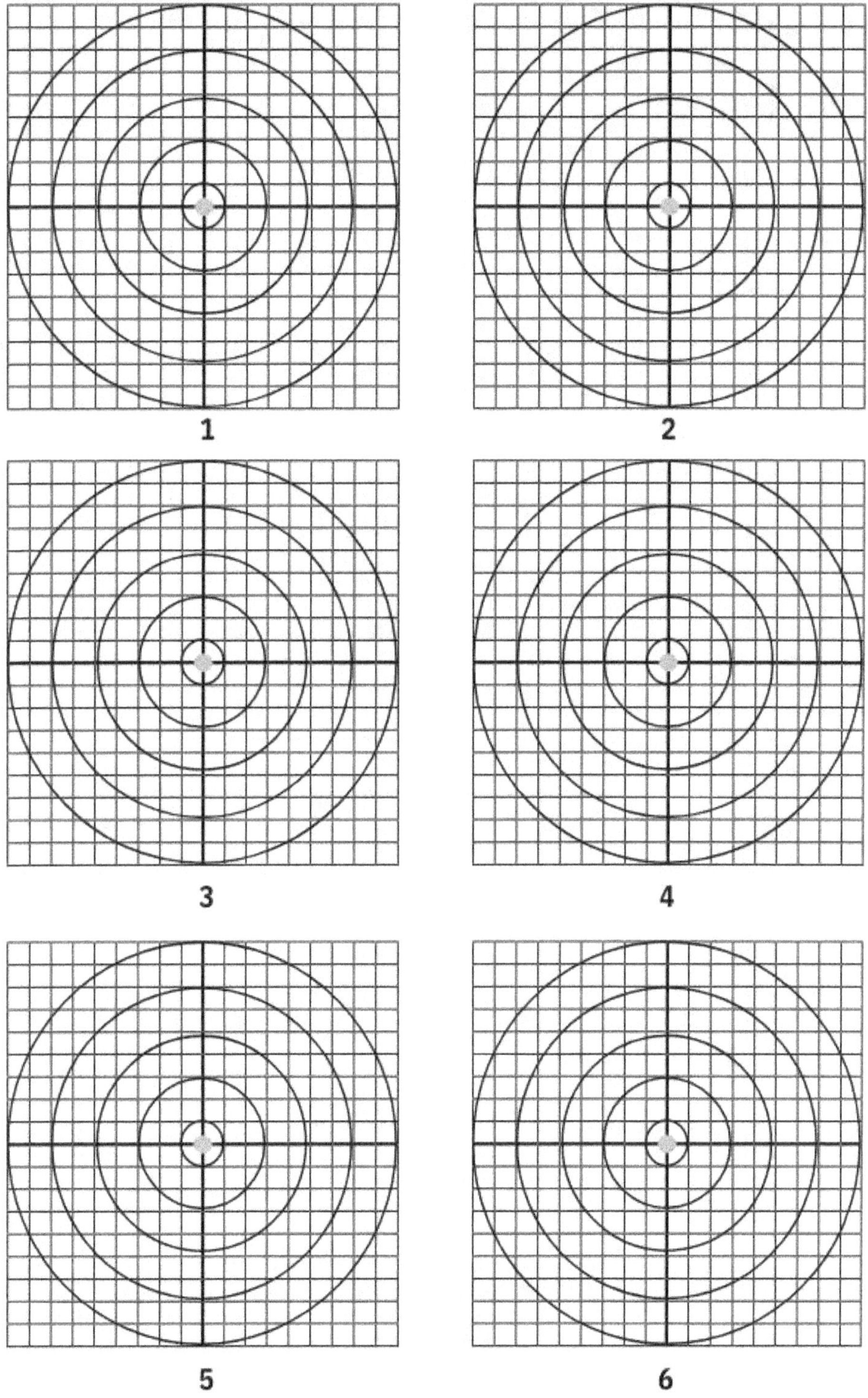

Un'idea regalo perfetta per principianti e professionisti

Libro di bordo per il tiro sportivo

📅 Data: _________________________   🕐 Tempo: _________

📍 Posizione: _______________________________________

Condizioni meteo

☐ ☐ ☐ ☐ ☐ ☐ _______ _______

Arma da fuoco:	
Proiettile:	Profondità di seduta:
Polvere:	Grani:
Primer:	
Ottone:	
Distanza:	

Risultati complessivi

☐ Povero   ☐ Fiera   ☐ Buono   ☐ Eccellente

Note aggiuntive

____

____

____

☆ ☆ ☆ ☆ ☆

Un'idea regalo perfetta per principianti e professionisti

Libro di bordo per il tiro sportivo

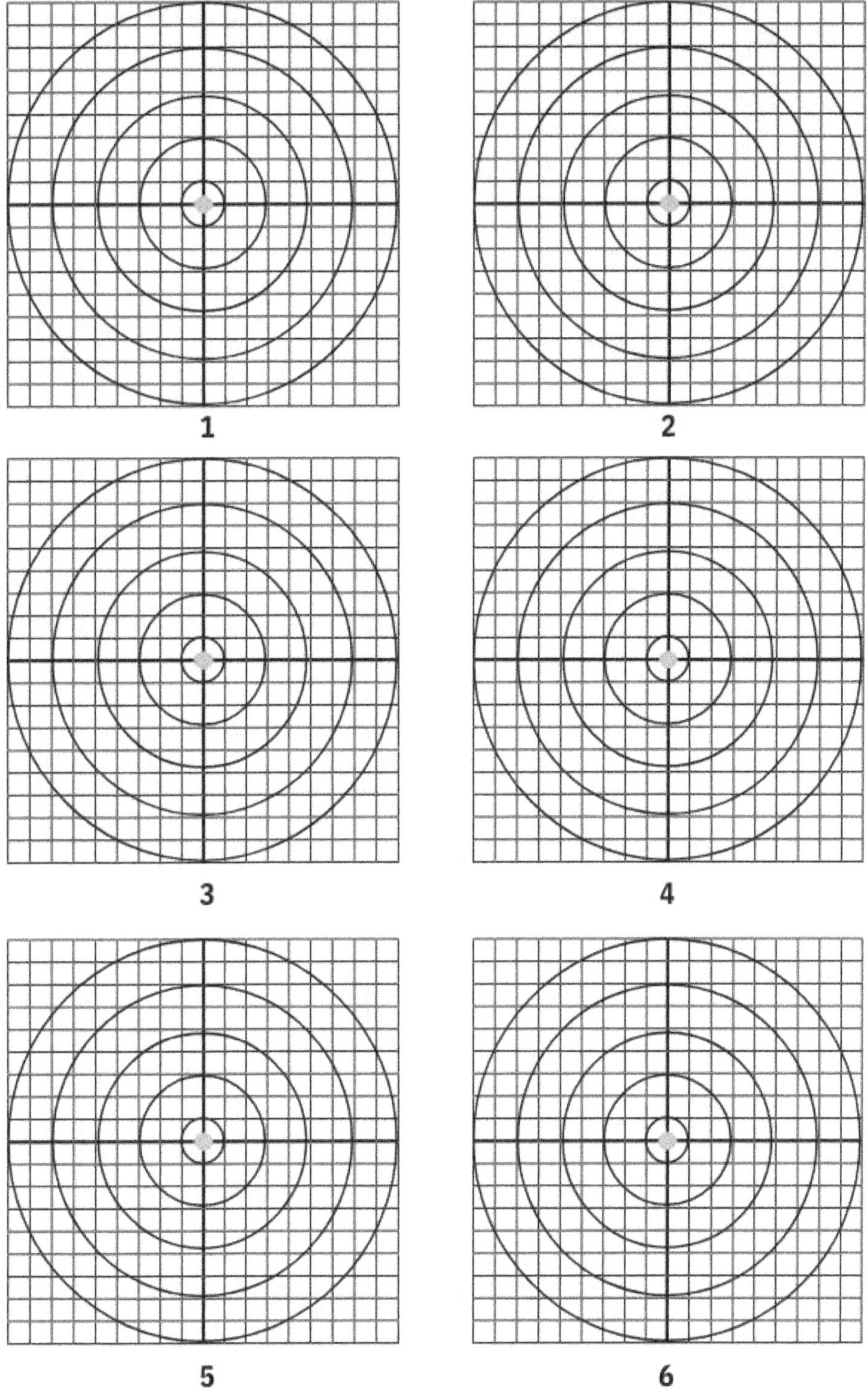

Un'idea regalo perfetta per principianti e professionisti

Libro di bordo per il tiro sportivo

📅 Data: _____________________ 🕐 Tempo: _________

📍 Posizione: _____________________________________

Condizioni meteo

☐   ☐   ☐   ☐   ☐   ☐   🚩 _________   🌡 _________

Arma da fuoco:	
Proiettile:	Profondità di seduta:
Polvere:	Grani:
Primer:	
Ottone:	
Distanza:	

Risultati complessivi

☐ Povero   ☐ Fiera   ☐ Buono   ☐ Eccellente

Note aggiuntive

____

____

☆ ☆ ☆ ☆ ☆

Un'idea regalo perfetta per principianti e professionisti

Libro di bordo per il tiro sportivo

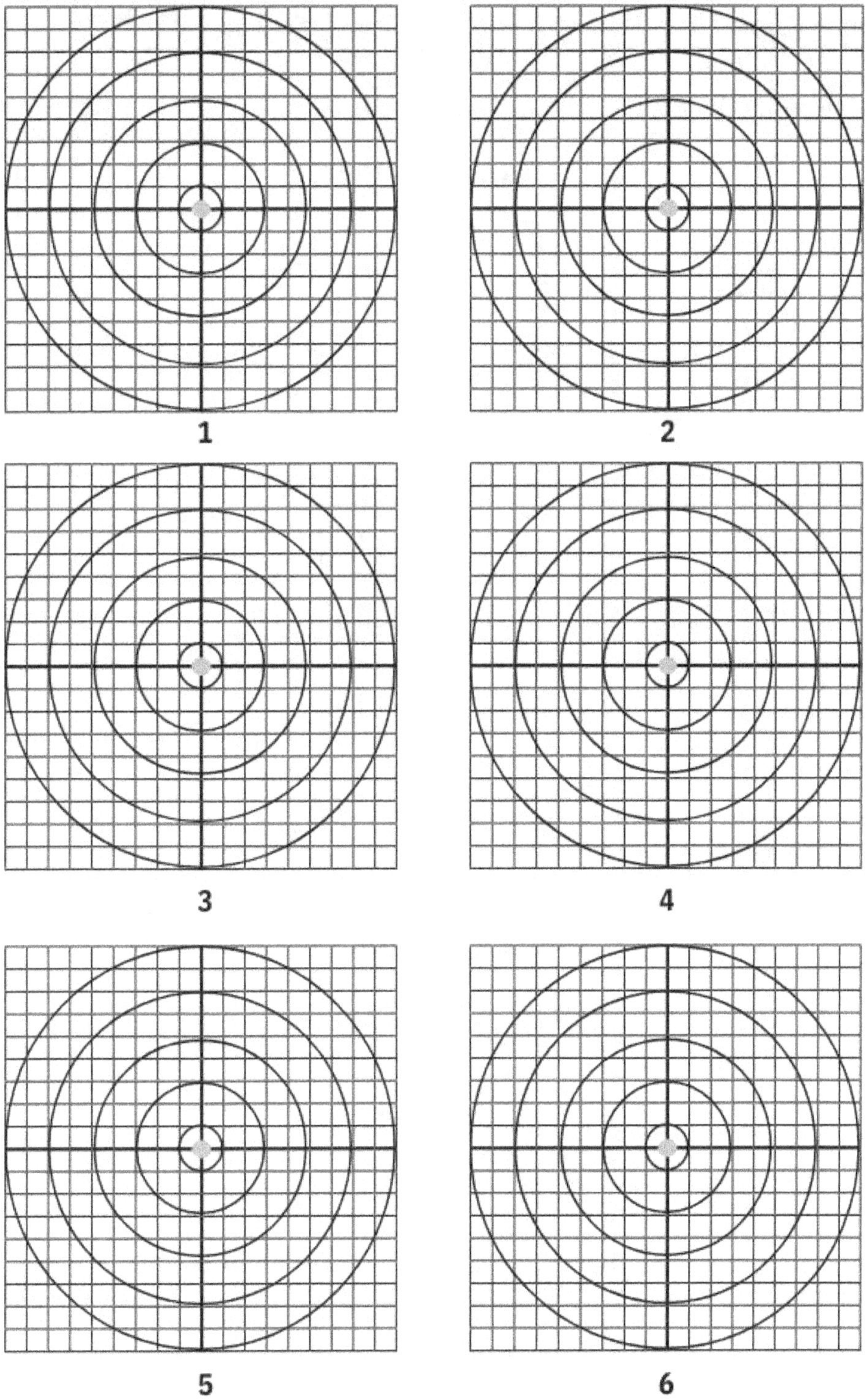

Un'idea regalo perfetta per principianti e professionisti

Libro di bordo per il tiro sportivo

📅 Data: _________________ 🕐 Tempo: _________

📍 Posizione: _______________________________

Condizioni meteo

☀ ☁ ⛅ 🌧 🌧 🌨 🚩 🌡
☐   ☐   ☐   ☐   ☐   ☐   ___   ___

Arma da fuoco:	
Proiettile:	Profondità di seduta:
Polvere:	Grani:
Primer:	
Ottone:	
Distanza:	

Risultati complessivi

☐ Povero   ☐ Fiera   ☐ Buono   ☐ Eccellente

Note aggiuntive

____

____

☆ ☆ ☆ ☆ ☆

Libro di bordo per il tiro sportivo

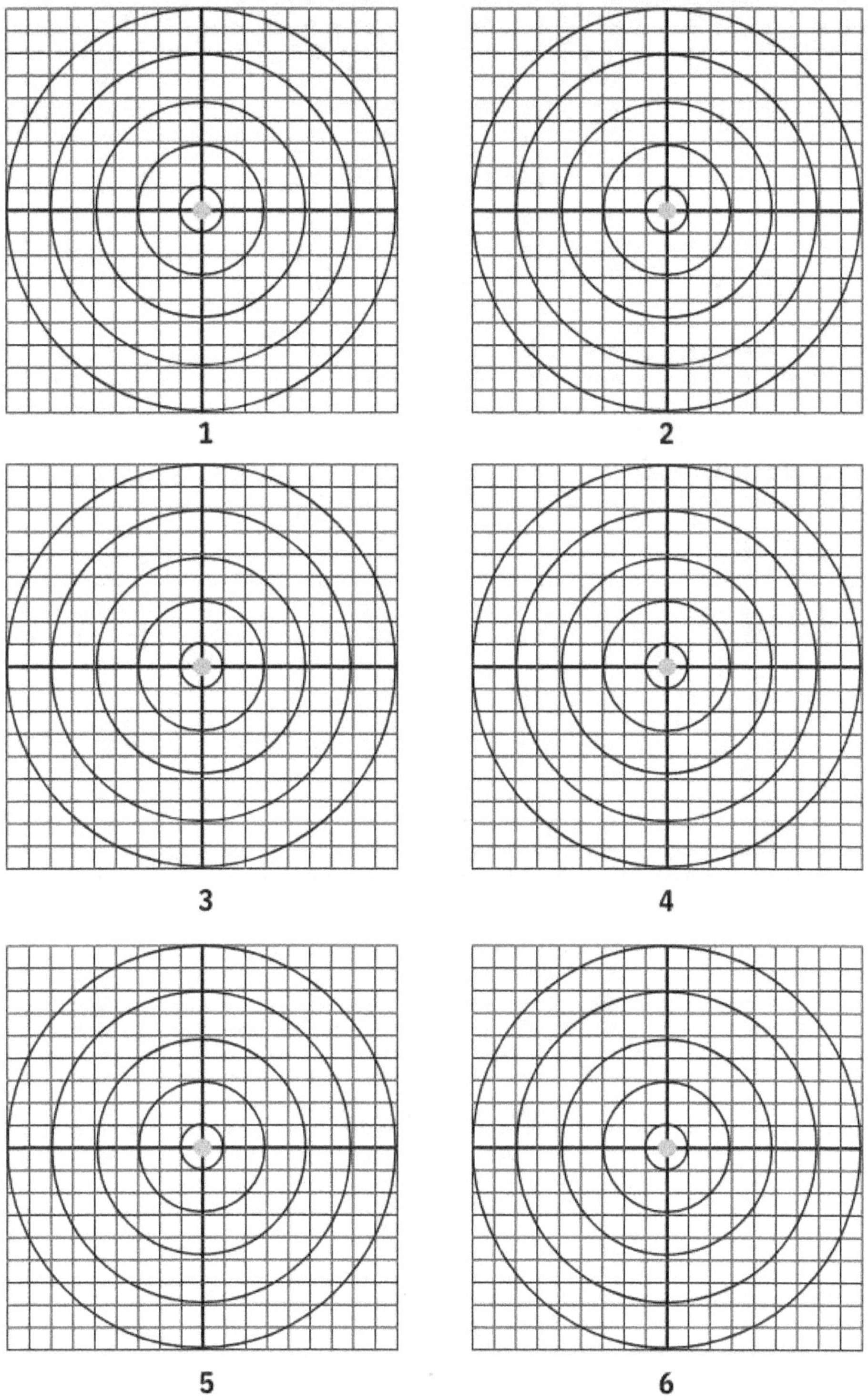

Un'idea regalo perfetta per principianti e professionisti

Libro di bordo per il tiro sportivo

📅 Data: _________________________   🕐 Tempo: _________

📍 Posizione: ____

Condizioni meteo

☐   ☐   ☐   ☐   ☐   ☐   _______   _______

Arma da fuoco:	
Proiettile:	Profondità di seduta:
Polvere:	Grani:
Primer:	
Ottone:	
Distanza:	

Risultati complessivi

☐ Povero   ☐ Fiera   ☐ Buono   ☐ Eccellente

Note aggiuntive

____

____

____

☆ ☆ ☆ ☆ ☆

Un'idea regalo perfetta per principianti e professionisti

Libro di bordo per il tiro sportivo

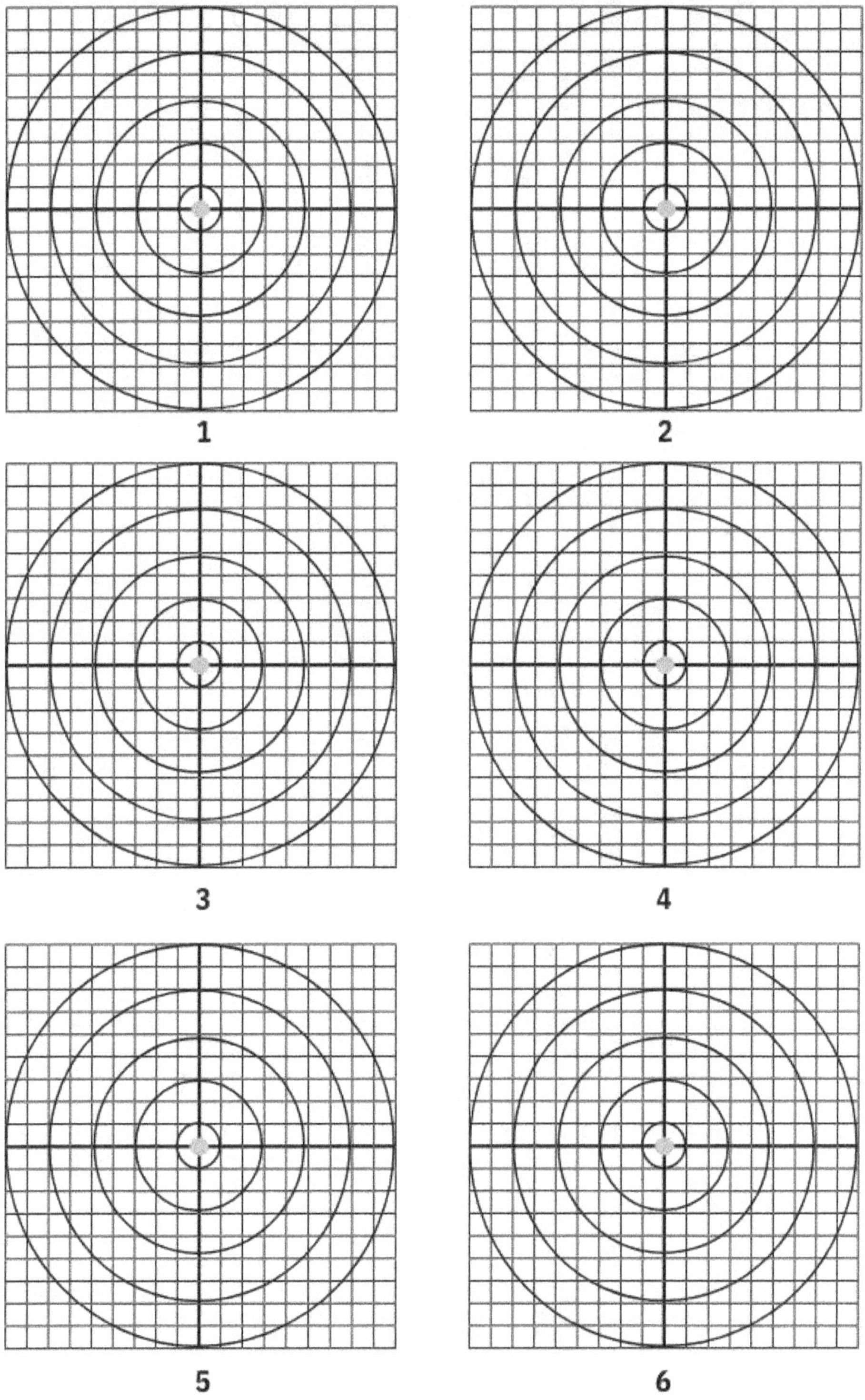

Un'idea regalo perfetta per principianti e professionisti

Libro di bordo per il tiro sportivo

📅 Data: _________________________ 🕐 Tempo: _________

📍 Posizione: ____

Condizioni meteo

☀ ☐ ⛅ ☐ 🌤 ☐ 🌧 ☐ 🌦 ☐ 🌨 ☐ 🚩 _______ 🌡 _______

Arma da fuoco:	
Proiettile:	Profondità di seduta:
Polvere:	Grani:
Primer:	
Ottone:	
Distanza:	

Risultati complessivi

☐ Povero   ☐ Fiera   ☐ Buono   ☐ Eccellente

Note aggiuntive

____

____

☆ ☆ ☆ ☆ ☆

Un'idea regalo perfetta per principianti e professionisti

Libro di bordo per il tiro sportivo

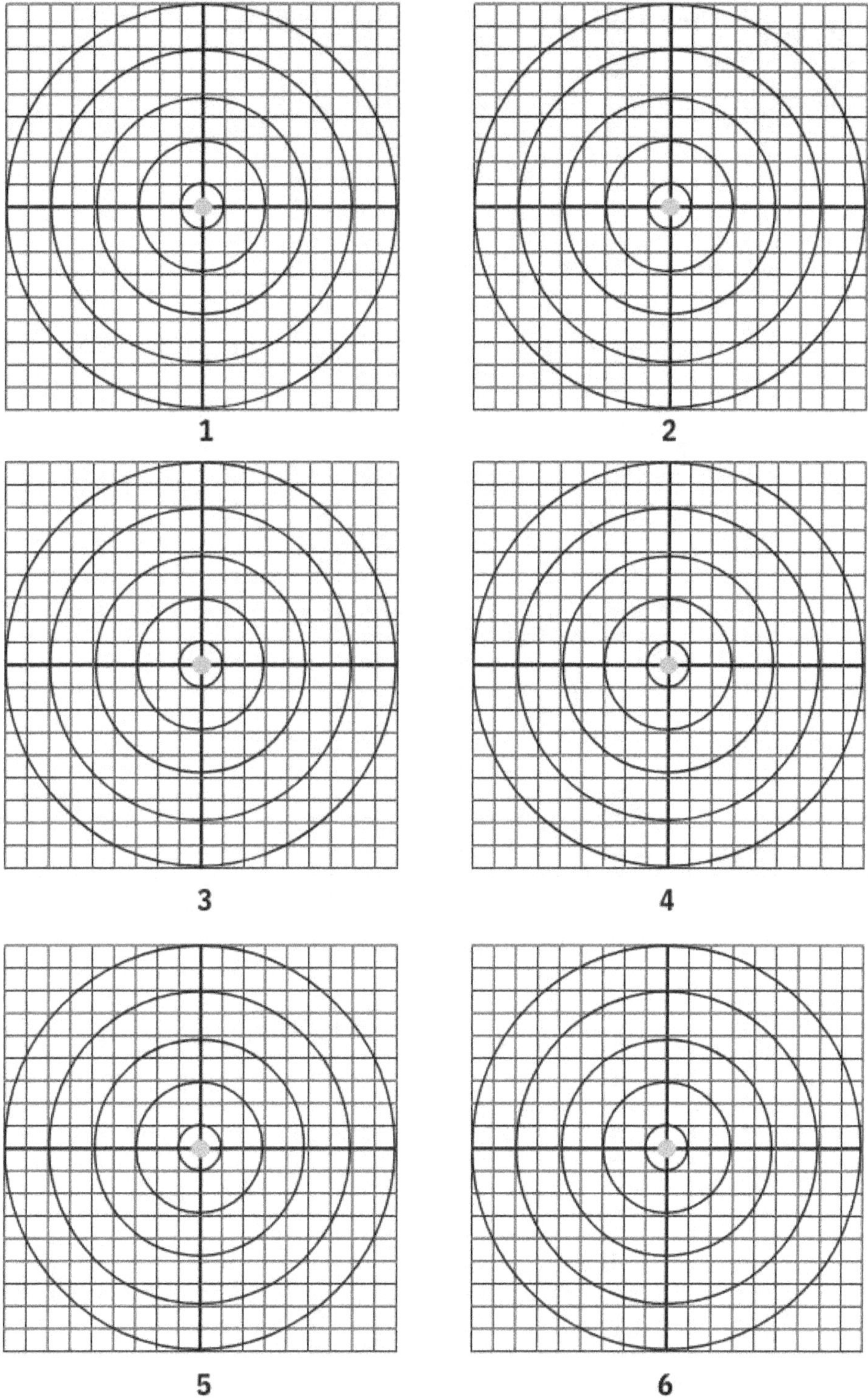

Un'idea regalo perfetta per principianti e professionisti

Libro di bordo per il tiro sportivo

📅 Data: _________________ 🕐 Tempo: _________

📍 Posizione: _______________________________

Condizioni meteo

☐ ☐ ☐ ☐ ☐ ☐ _____ _____

Arma da fuoco:	
Proiettile:	Profondità di seduta:
Polvere:	Grani:
Primer:	
Ottone:	
Distanza:	

Risultati complessivi

☐ Povero ☐ Fiera ☐ Buono ☐ Eccellente

Note aggiuntive

____

____

☆ ☆ ☆ ☆ ☆

Un'idea regalo perfetta per principianti e professionisti

Libro di bordo per il tiro sportivo

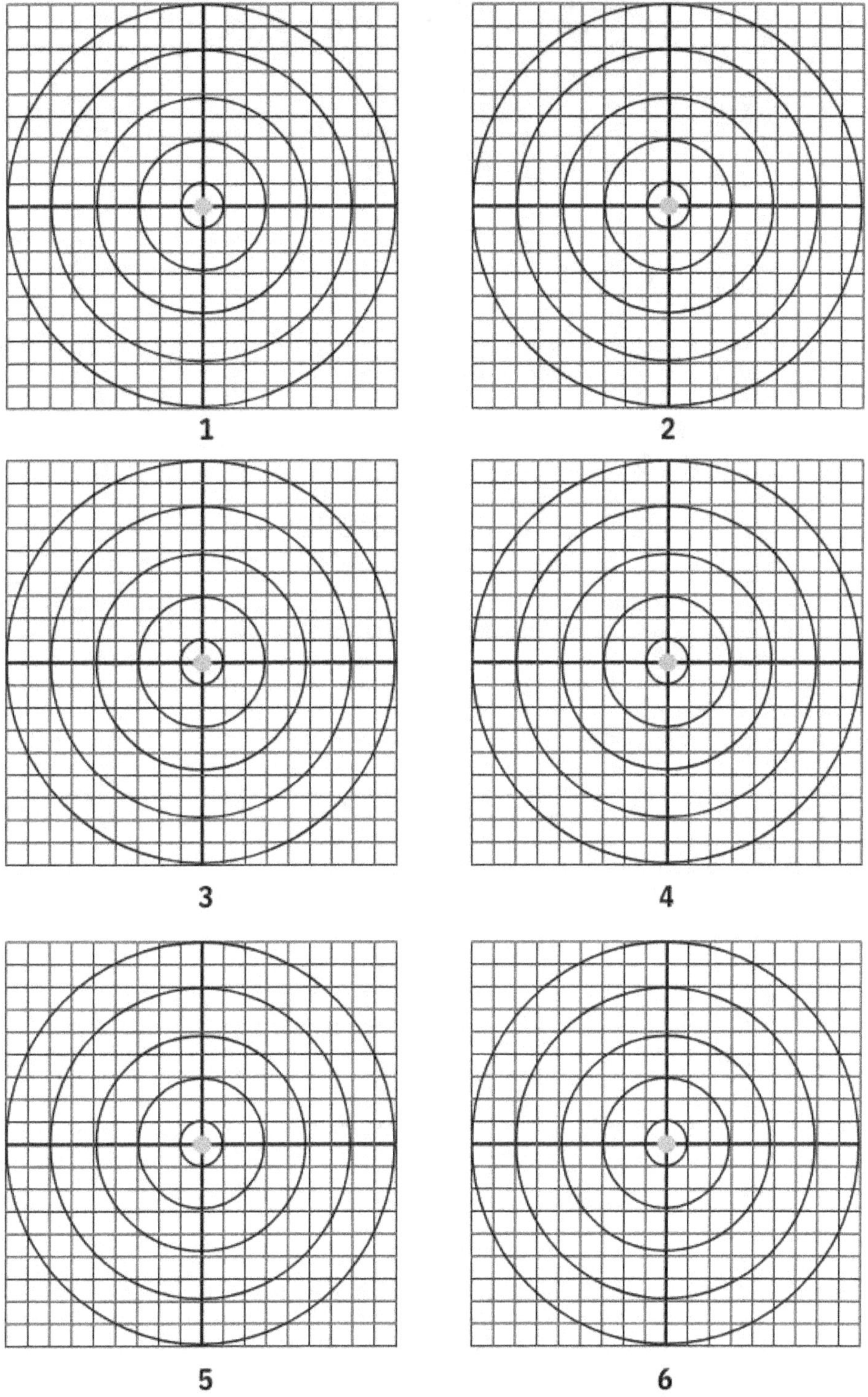

Un'idea regalo perfetta per principianti e professionisti

Libro di bordo per il tiro sportivo

📅 Data: _______________________   🕐 Tempo: __________

📍 Posizione: ____

Condizioni meteo

☐   ☐   ☐   ☐   ☐   ☐   _______   _______

Arma da fuoco:	
Proiettile:	Profondità di seduta:
Polvere:	Grani:
Primer:	
Ottone:	
Distanza:	

Risultati complessivi

☐ Povero   ☐ Fiera   ☐ Buono   ☐ Eccellente

Note aggiuntive

____

____

☆ ☆ ☆ ☆ ☆

Un'idea regalo perfetta per principianti e professionisti

Libro di bordo per il tiro sportivo

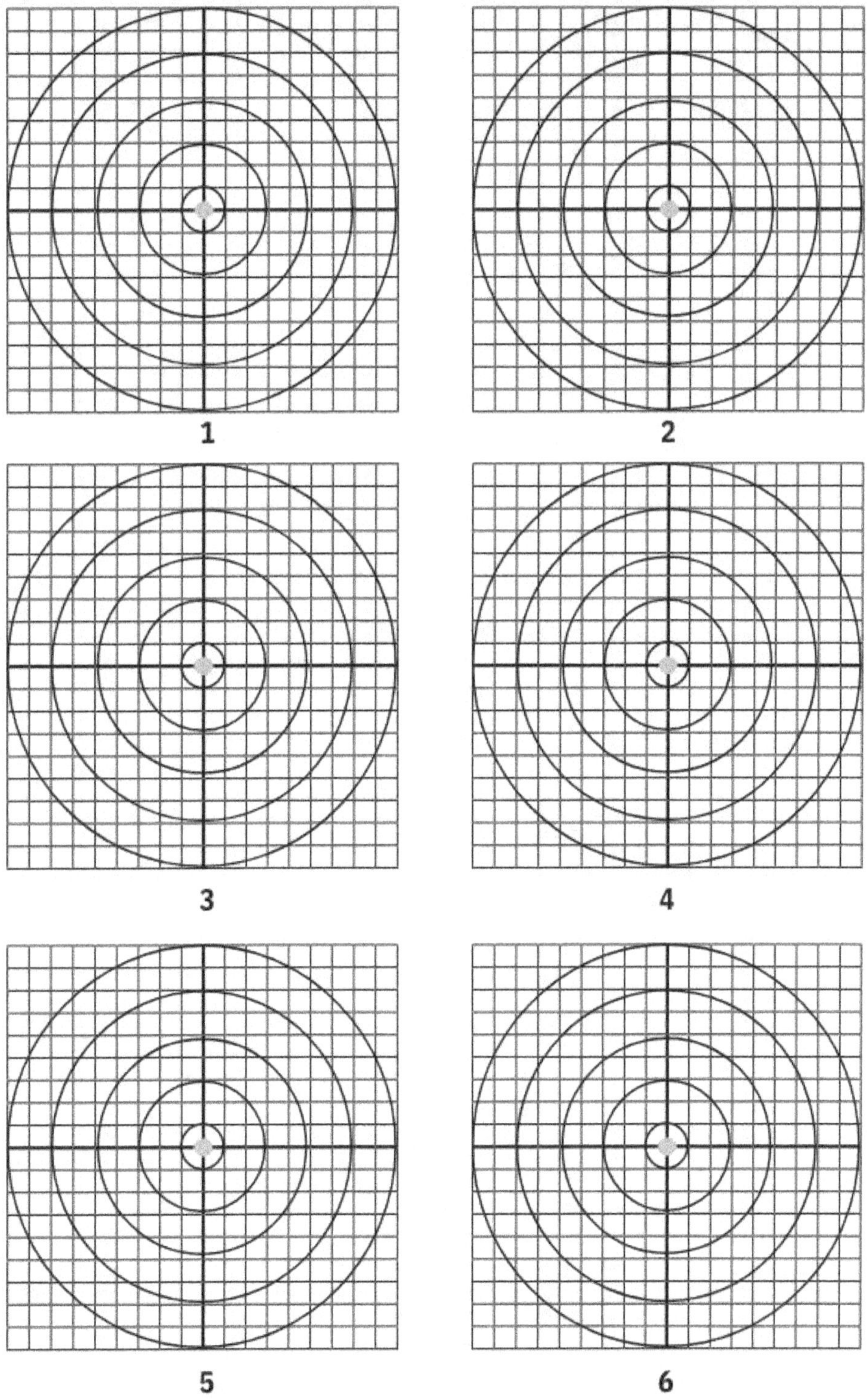

Un'idea regalo perfetta per principianti e professionisti

Libro di bordo per il tiro sportivo

📅 Data: ________________________   🕐 Tempo: _________

📍 Posizione: ____

Condizioni meteo

☐   ☐   ☐   ☐   ☐   ☐   _______   _______

Arma da fuoco:	
Proiettile:	Profondità di seduta:
Polvere:	Grani:
Primer:	
Ottone:	
Distanza:	

Risultati complessivi

☐ Povero　　☐ Fiera　　☐ Buono　　☐ Eccellente

Note aggiuntive

____

____

☆ ☆ ☆ ☆ ☆

Libro di bordo per il tiro sportivo

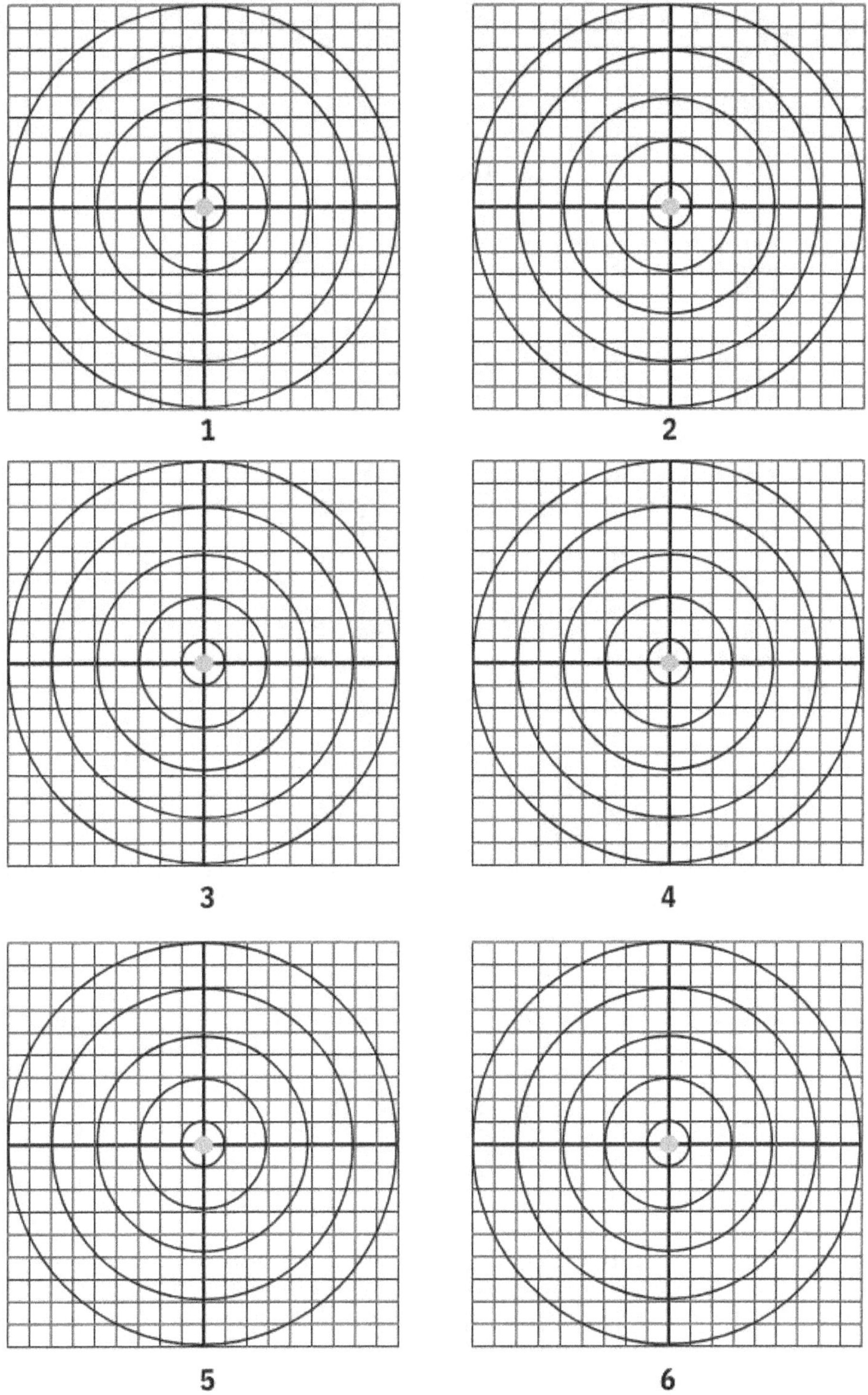

Un'idea regalo perfetta per principianti e professionisti

Libro di bordo per il tiro sportivo

📅 Data: _________________________ 🕐 Tempo: __________

📍 Posizione: ____

Condizioni meteo

☀ ☐   ⛅ ☐   🌤 ☐   🌧 ☐   🌧 ☐   🌨 ☐   🚩 _______   🌡 _______

Arma da fuoco:	
Proiettile:	Profondità di seduta:
Polvere:	Grani:
Primer:	
Ottone:	
Distanza:	

Risultati complessivi

☐ Povero   ☐ Fiera   ☐ Buono   ☐ Eccellente

Note aggiuntive

____

____

____

☆ ☆ ☆ ☆ ☆

Un'idea regalo perfetta per principianti e professionisti

Libro di bordo per il tiro sportivo

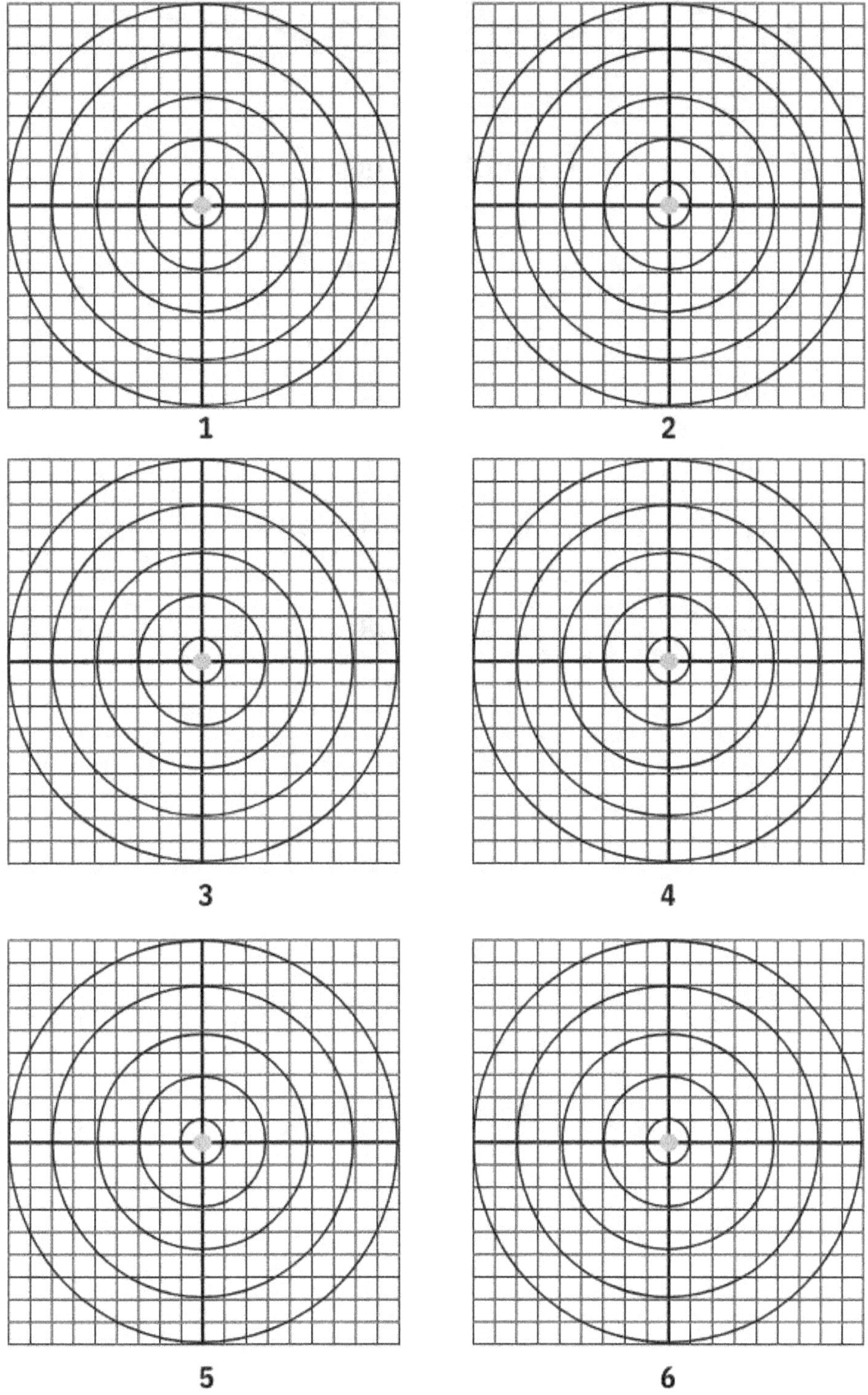

Un'idea regalo perfetta per principianti e professionisti

Libro di bordo per il tiro sportivo

📅 Data: _________________________ 🕐 Tempo: _________

📍 Posizione: _________________________________

Condizioni meteo

☐   ☐   ☐   ☐   ☐   ☐   ___   ___

Arma da fuoco:	
Proiettile:	Profondità di seduta:
Polvere:	Grani:
Primer:	
Ottone:	
Distanza:	

Risultati complessivi

☐ Povero   ☐ Fiera   ☐ Buono   ☐ Eccellente

Note aggiuntive

____

____

☆ ☆ ☆ ☆ ☆

Un'idea regalo perfetta per principianti e professionisti

Libro di bordo per il tiro sportivo

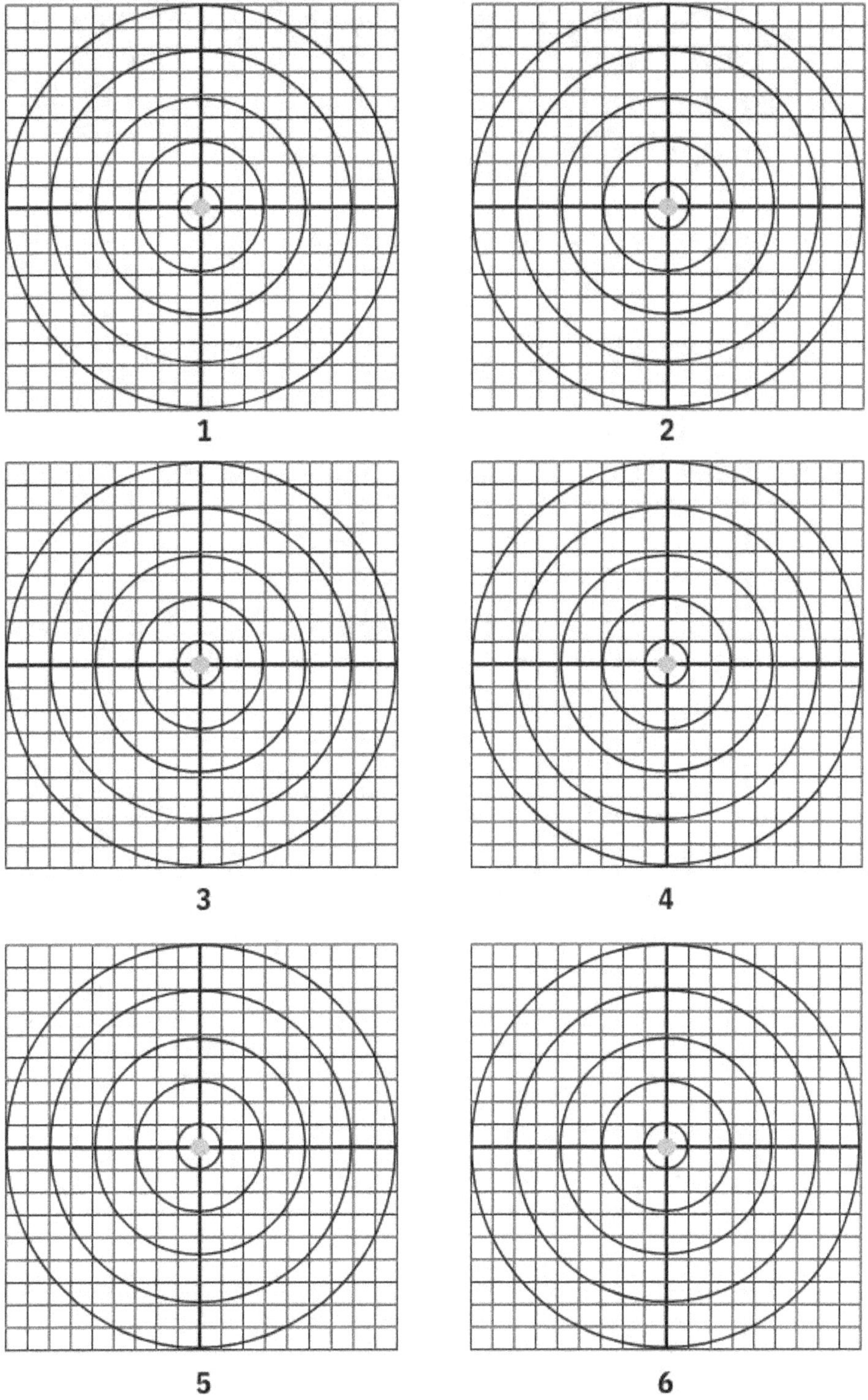

Un'idea regalo perfetta per principianti e professionisti

Libro di bordo per il tiro sportivo

📅 Data: _______________   🕐 Tempo: _________

📍 Posizione: _______________________________

Condizioni meteo

☐ ☐ ☐ ☐ ☐ ☐ ▷ ______   🌡 ______

Arma da fuoco:	
Proiettile:	Profondità di seduta:
Polvere:	Grani:
Primer:	
Ottone:	
Distanza:	

Risultati complessivi

☐ Povero   ☐ Fiera   ☐ Buono   ☐ Eccellente

Note aggiuntive

____

____

☆ ☆ ☆ ☆ ☆

Un'idea regalo perfetta per principianti e professionisti

Libro di bordo per il tiro sportivo

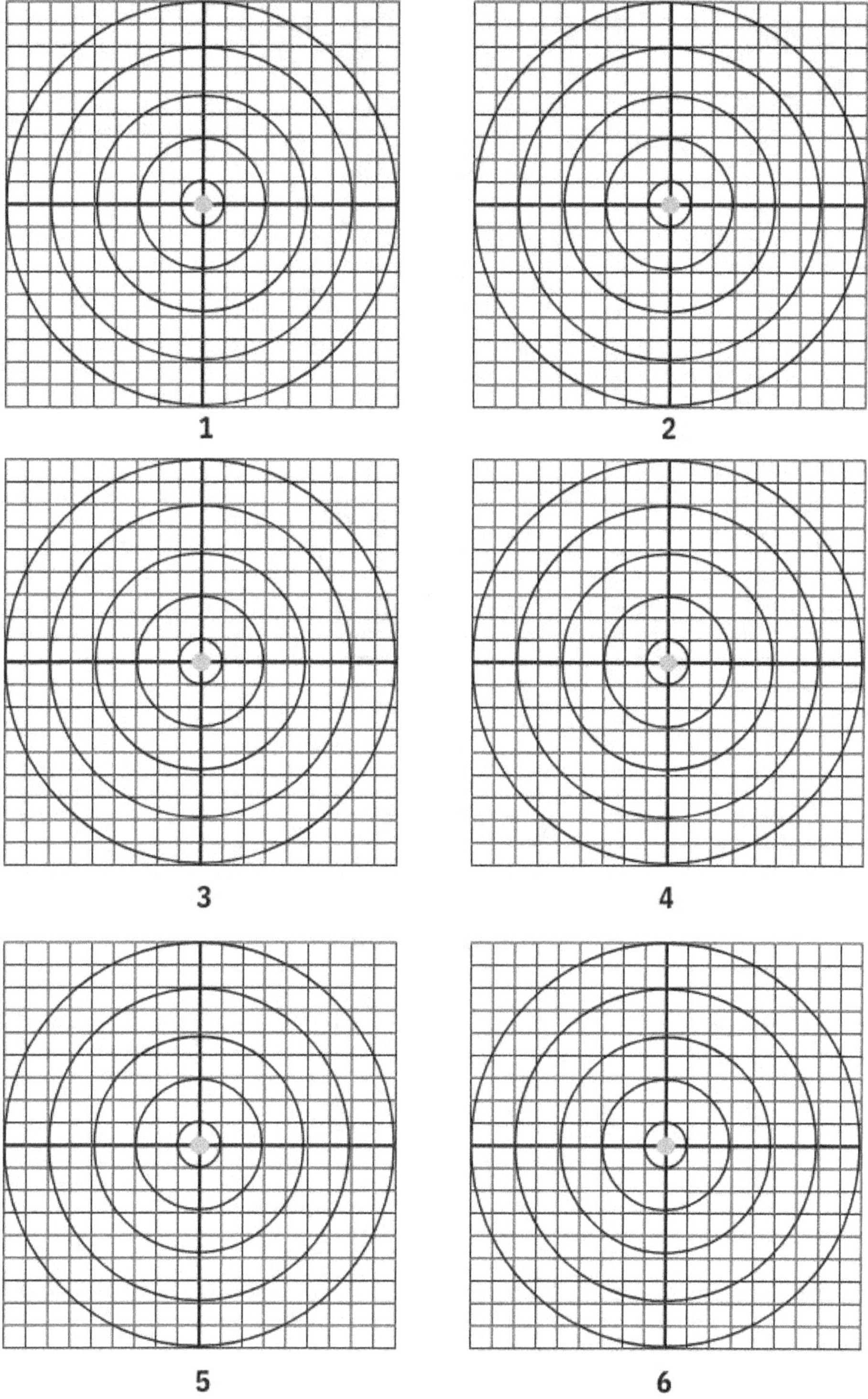

Un'idea regalo perfetta per principianti e professionisti

Libro di bordo per il tiro sportivo

📅 Data: _________________   🕐 Tempo: _________

📍 Posizione: _____________________________

Condizioni meteo

☐   ☐   ☐   ☐   ☐   ☐   ______   ______

Arma da fuoco:	
Proiettile:	Profondità di seduta:
Polvere:	Grani:
Primer:	
Ottone:	
Distanza:	

Risultati complessivi

☐ Povero   ☐ Fiera   ☐ Buono   ☐ Eccellente

Note aggiuntive

____

____

☆ ☆ ☆ ☆ ☆

Un'idea regalo perfetta per principianti e professionisti

Libro di bordo per il tiro sportivo

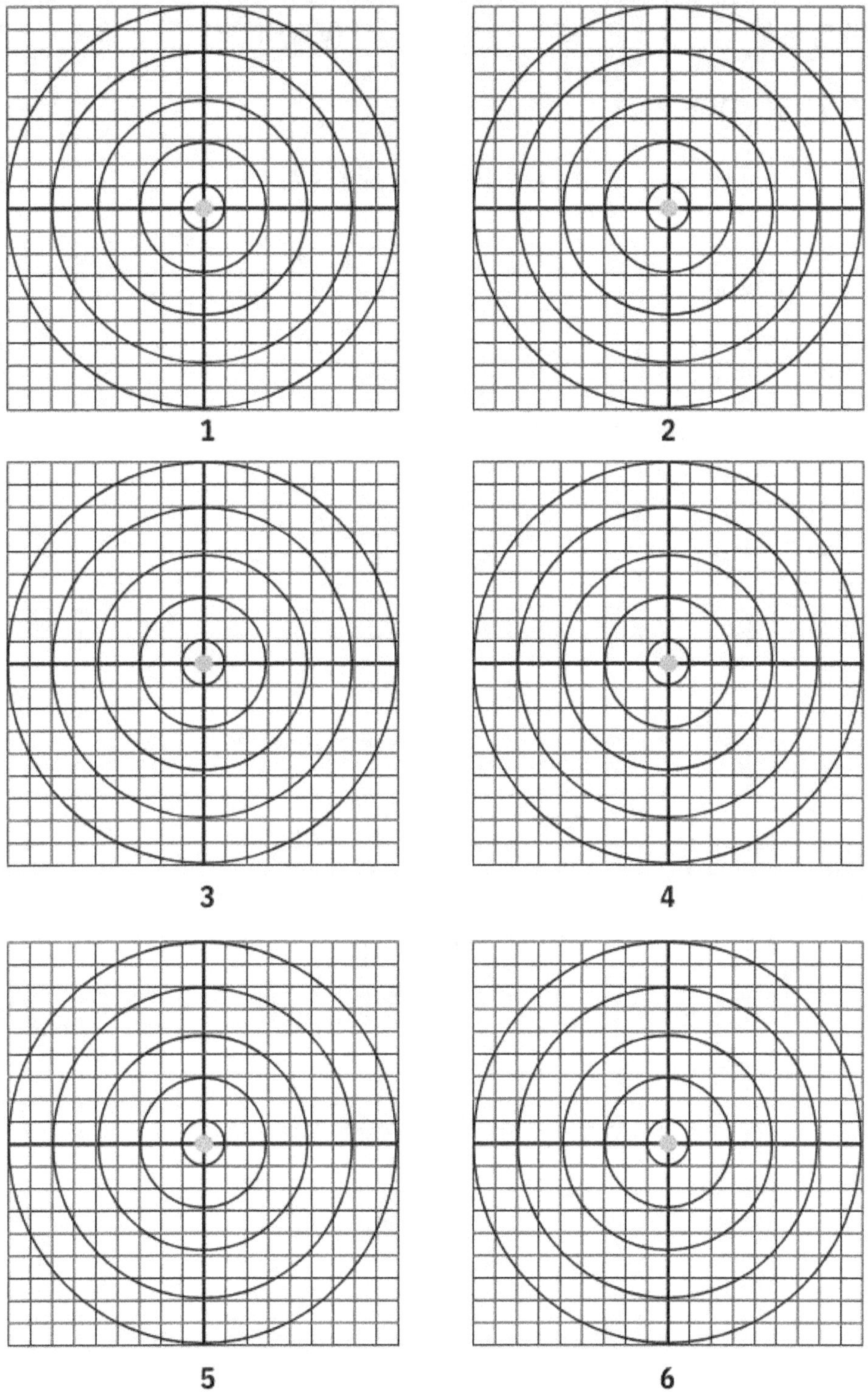

Un'idea regalo perfetta per principianti e professionisti

Libro di bordo per il tiro sportivo

📅 Data: ________________________ 🕐 Tempo: __________

📍 Posizione: ____

Condizioni meteo

☐　　☐　　☐　　☐　　☐　　☐　　🚩 ______　🌡 ______

Arma da fuoco:	
Proiettile:	Profondità di seduta:
Polvere:	Grani:
Primer:	
Ottone:	
Distanza:	

Risultati complessivi

☐ Povero　　☐ Fiera　　☐ Buono　　☐ Eccellente

Note aggiuntive

____

____

____

☆ ☆ ☆ ☆ ☆

Un'idea regalo perfetta per principianti e professionisti

Libro di bordo per il tiro sportivo

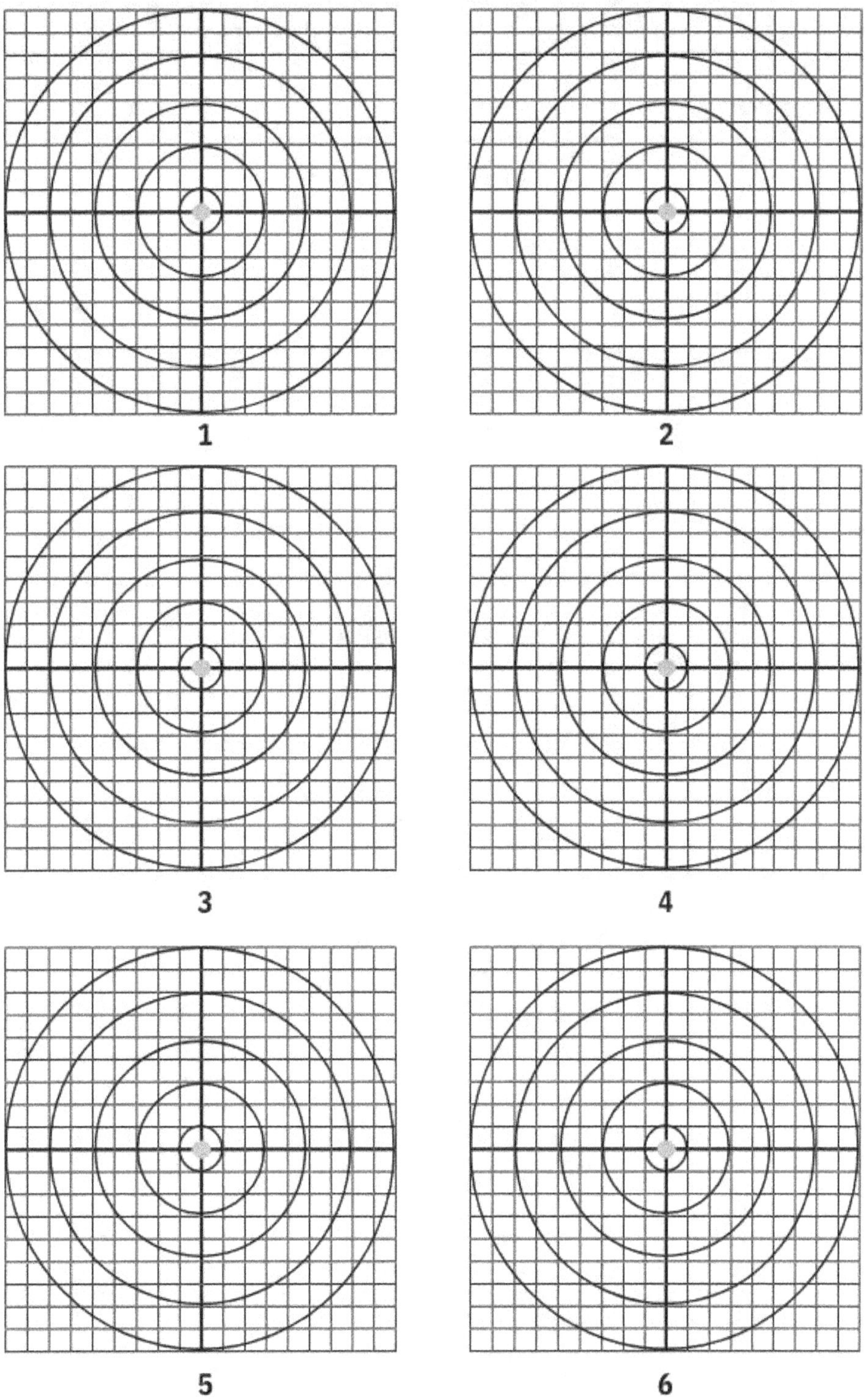

Un'idea regalo perfetta per principianti e professionisti

Libro di bordo per il tiro sportivo

📅 Data: _______________________   🕐 Tempo: __________

📍 Posizione: ____

Condizioni meteo

☀️ ☐   ⛅ ☐   🌦️ ☐   🌧️ ☐   🌧️ ☐   🌨️ ☐   🚩 _______   🌡️ _______

Arma da fuoco:	
Proiettile:	Profondità di seduta:
Polvere:	Grani:
Primer:	
Ottone:	
Distanza:	

Risultati complessivi

☐ Povero   ☐ Fiera   ☐ Buono   ☐ Eccellente

Note aggiuntive

____

____

☆ ☆ ☆ ☆ ☆

Libro di bordo per il tiro sportivo

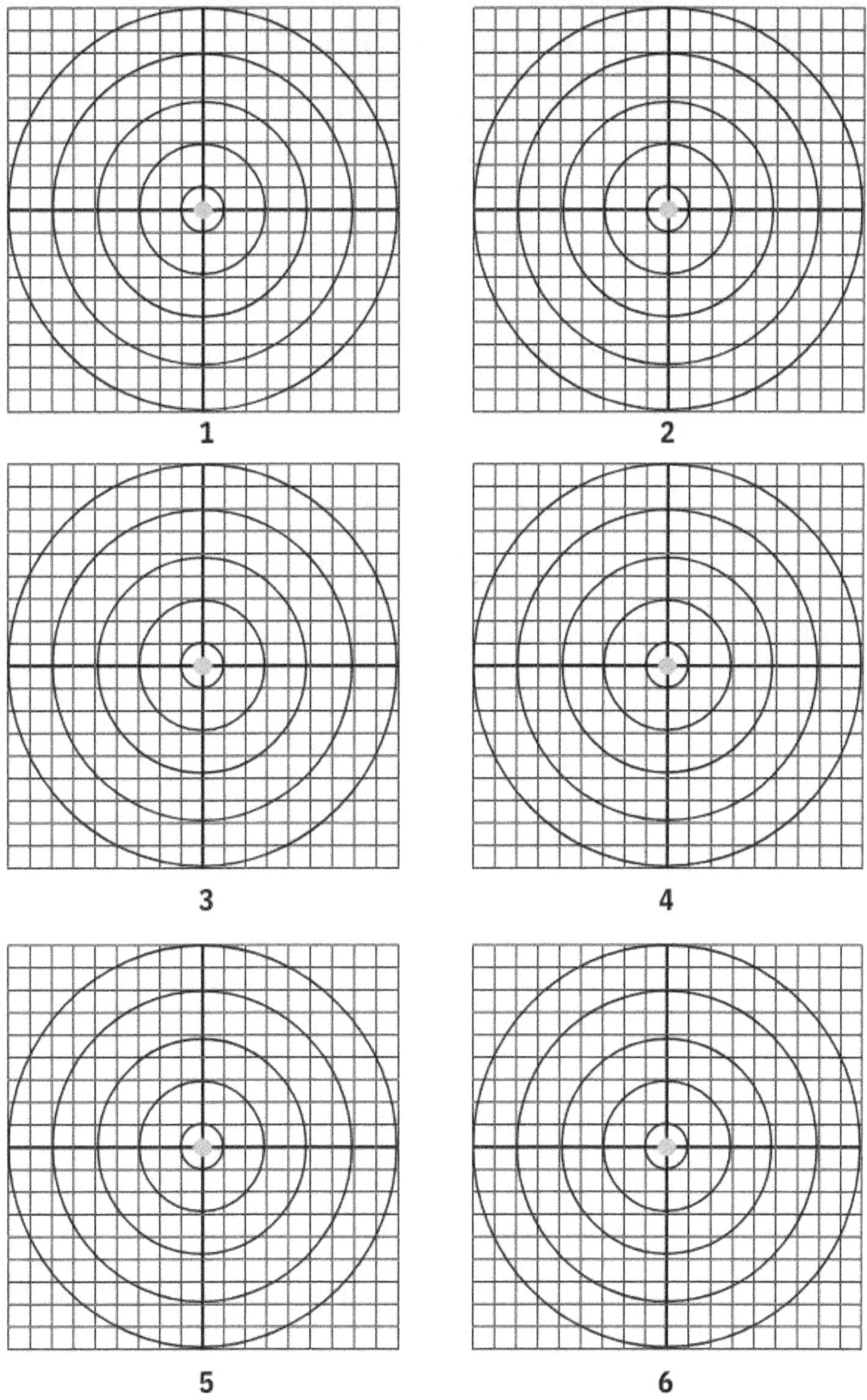

Un'idea regalo perfetta per principianti e professionisti

Libro di bordo per il tiro sportivo

📅 Data: _______________________   🕐 Tempo: __________

📍 Posizione: _________________________________

Condizioni meteo

☐   ☐   ☐   ☐   ☐   ☐   _______   _______

Arma da fuoco:	
Proiettile:	Profondità di seduta:
Polvere:	Grani:
Primer:	
Ottone:	
Distanza:	

Risultati complessivi

☐ Povero   ☐ Fiera   ☐ Buono   ☐ Eccellente

Note aggiuntive

____

____

____

☆ ☆ ☆ ☆ ☆

Un'idea regalo perfetta per principianti e professionisti

Libro di bordo per il tiro sportivo

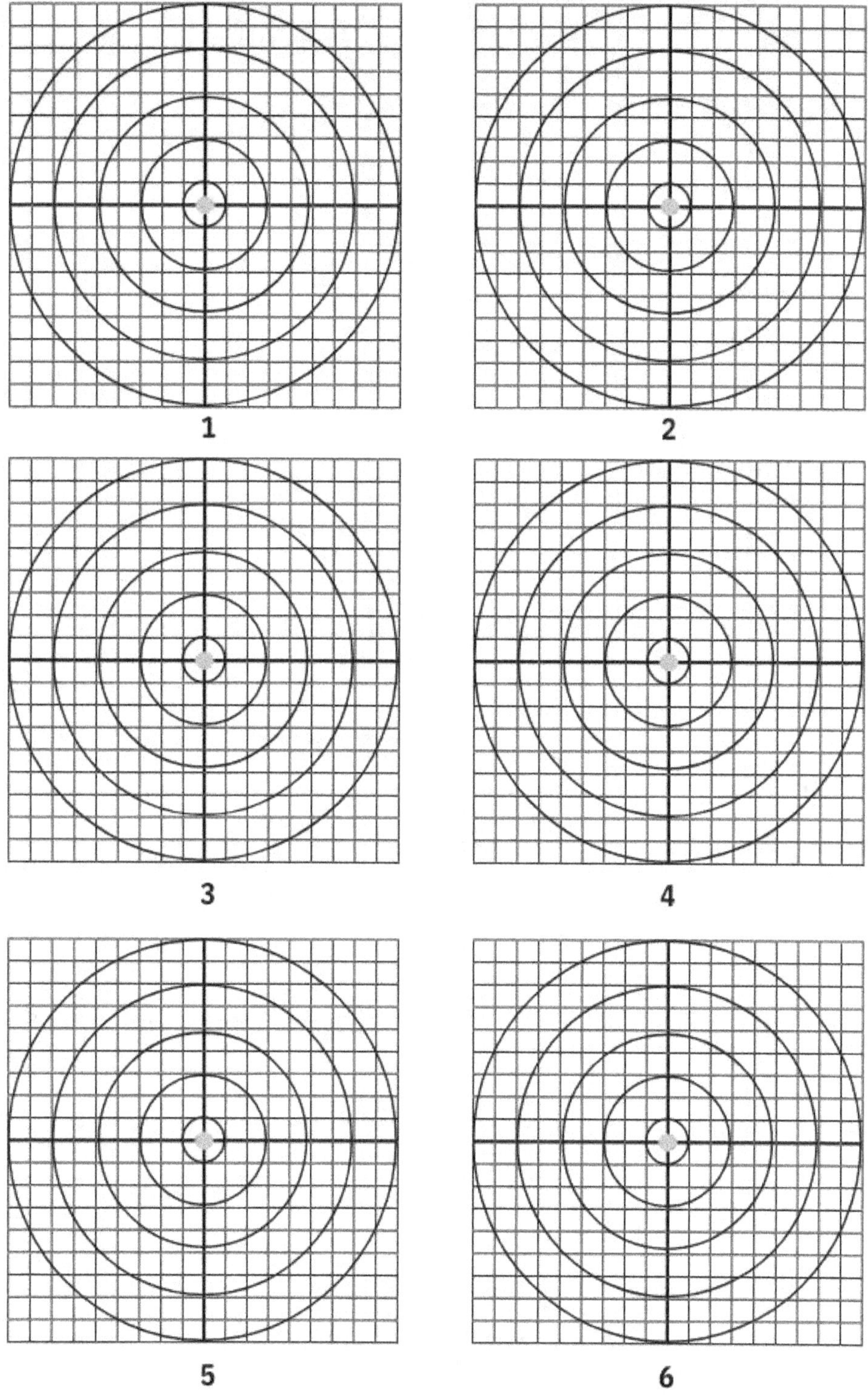

Un'idea regalo perfetta per principianti e professionisti

Libro di bordo per il tiro sportivo

📅 Data: _________________________   🕐 Tempo: _________

📍 Posizione: _________________________________

Condizioni meteo

☐   ☐   ☐   ☐   ☐   ☐   _______   _______

Arma da fuoco:	
Proiettile:	Profondità di seduta:
Polvere:	Grani:
Primer:	
Ottone:	
Distanza:	

Risultati complessivi

☐ Povero   ☐ Fiera   ☐ Buono   ☐ Eccellente

Note aggiuntive

____

____

____

☆ ☆ ☆ ☆ ☆

Un'idea regalo perfetta per principianti e professionisti

Libro di bordo per il tiro sportivo

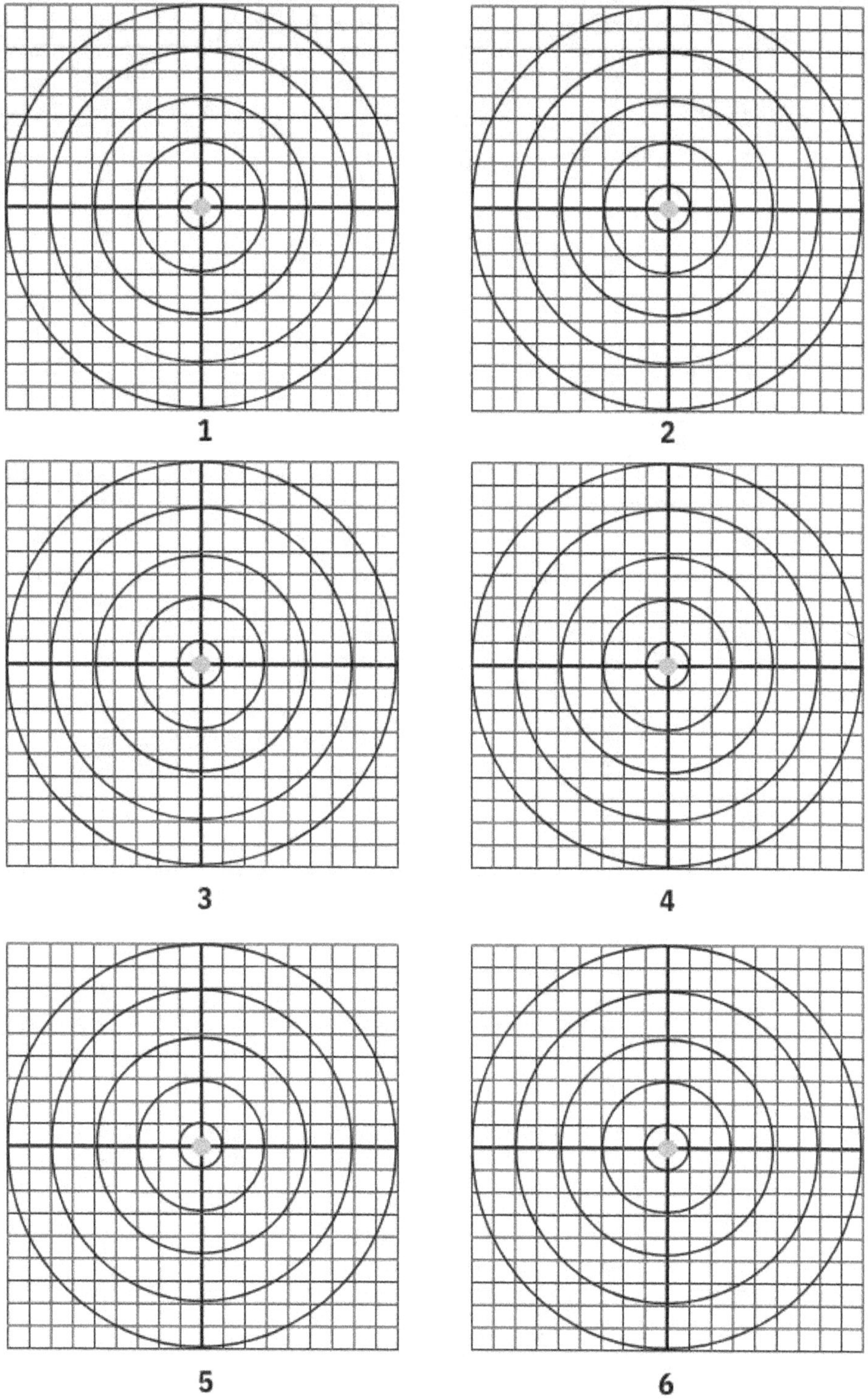

Un'idea regalo perfetta per principianti e professionisti

Libro di bordo per il tiro sportivo

📅 Data: ________________________   🕐 Tempo: __________

📍 Posizione: ____

Condizioni meteo

☀ ☐   ⛅ ☐   🌥 ☐   🌦 ☐   🌧 ☐   🌨 ☐   🚩 ____   🌡 ____

Arma da fuoco:	
Proiettile:	Profondità di seduta:
Polvere:	Grani:
Primer:	
Ottone:	
Distanza:	

Risultati complessivi

☐ Povero   ☐ Fiera   ☐ Buono   ☐ Eccellente

Note aggiuntive

____

____

____

☆ ☆ ☆ ☆ ☆

Un'idea regalo perfetta per principianti e professionisti

Libro di bordo per il tiro sportivo

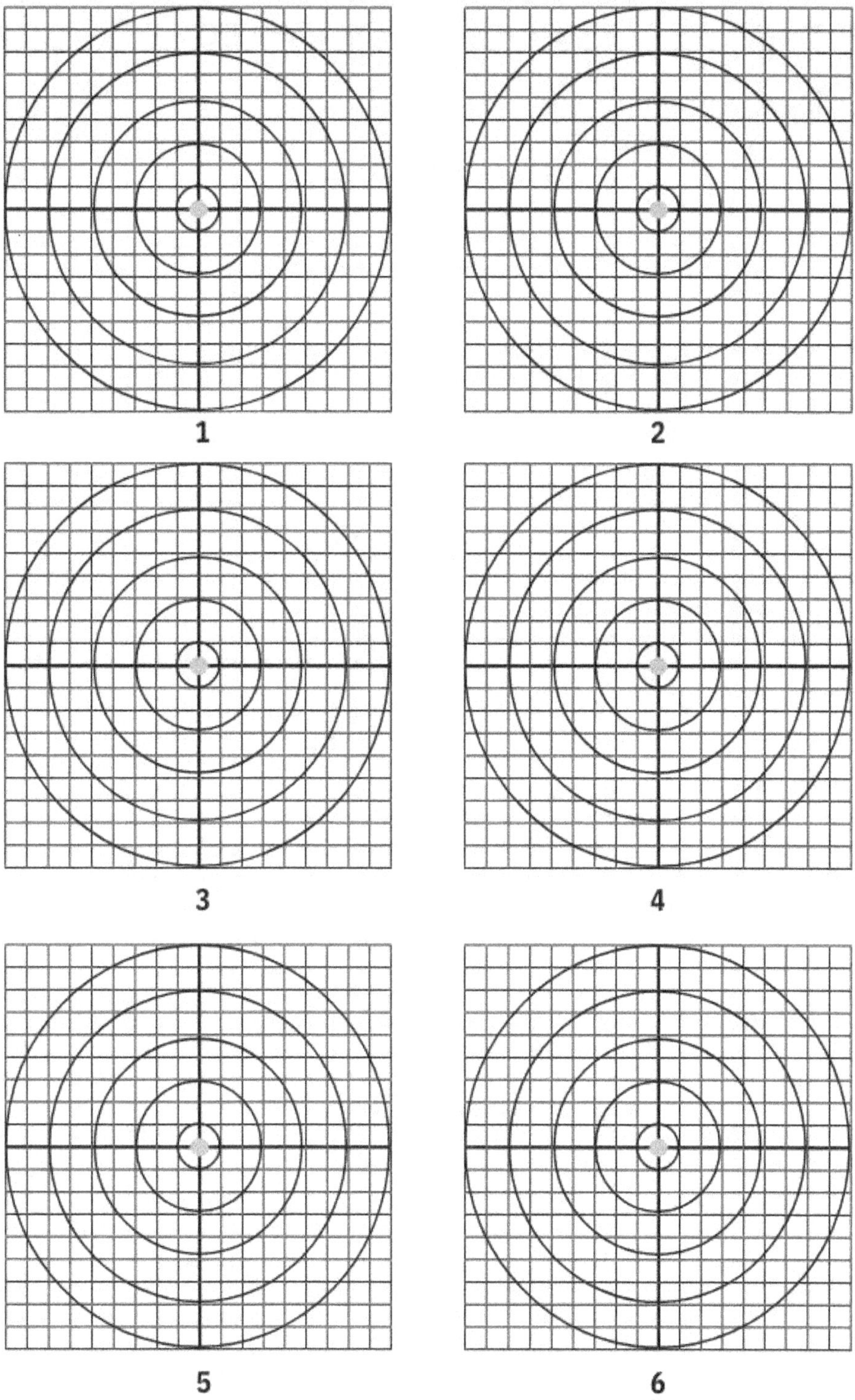

Un'idea regalo perfetta per principianti e professionisti

Libro di bordo per il tiro sportivo

📅 Data: _______________ 🕐 Tempo: _______

📍 Posizione: _______________________

Condizioni meteo

☐   ☐   ☐   ☐   ☐   ☐   ___   ___

Arma da fuoco:	
Proiettile:	Profondità di seduta:
Polvere:	Grani:
Primer:	
Ottone:	
Distanza:	

Risultati complessivi

☐ Povero   ☐ Fiera   ☐ Buono   ☐ Eccellente

Note aggiuntive

____

____

☆ ☆ ☆ ☆ ☆

Un'idea regalo perfetta per principianti e professionisti

Libro di bordo per il tiro sportivo

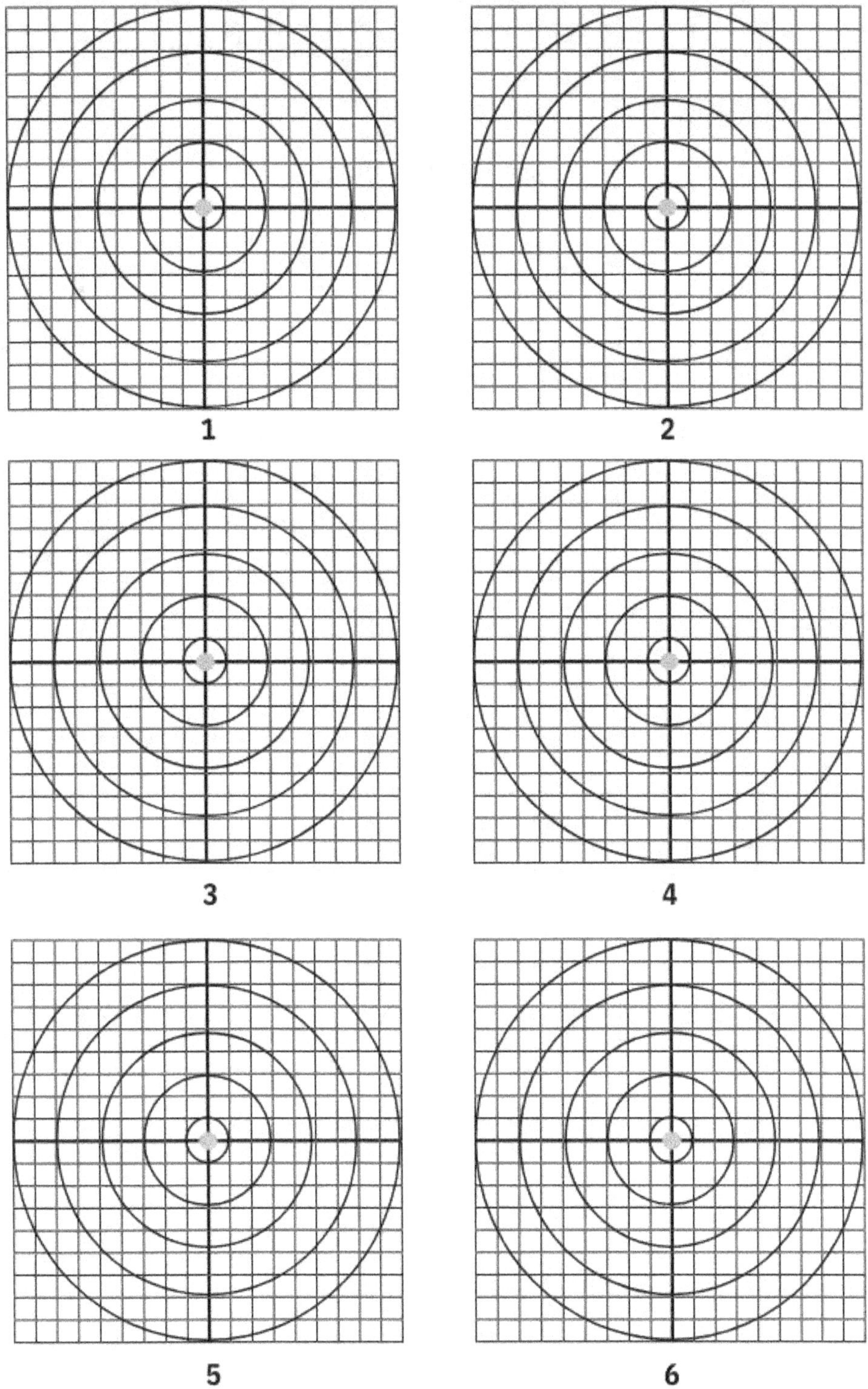

Un'idea regalo perfetta per principianti e professionisti

Libro di bordo per il tiro sportivo

📅 Data: _______________________ 🕐 Tempo: _________

📍 Posizione: ____

Condizioni meteo

☀ ☐ ⛅ ☐ 🌤 ☐ 🌧 ☐ 🌧 ☐ 🌨 ☐ 🚩 _______ 🌡 _______

Arma da fuoco:	
Proiettile:	Profondità di seduta:
Polvere:	Grani:
Primer:	
Ottone:	
Distanza:	

Risultati complessivi

☐ Povero   ☐ Fiera   ☐ Buono   ☐ Eccellente

Note aggiuntive

____

____

____

☆ ☆ ☆ ☆ ☆

Un'idea regalo perfetta per principianti e professionisti

Libro di bordo per il tiro sportivo

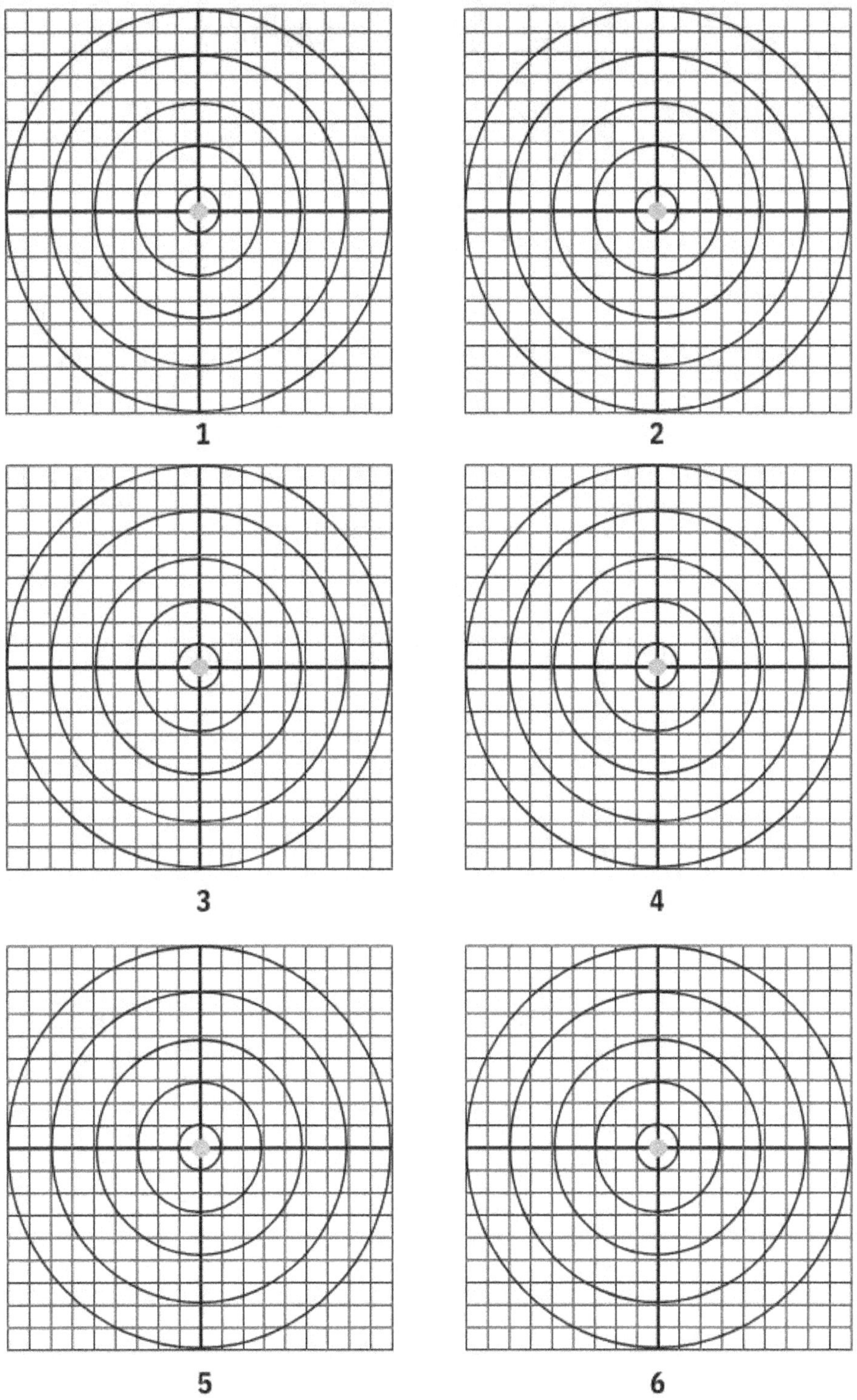

Un'idea regalo perfetta per principianti e professionisti

Libro di bordo per il tiro sportivo

📅 Data: _________________________ 🕐 Tempo: _________

📍 Posizione: _______________________________________

Condizioni meteo

☀ ☐ ⛅ ☐ 🌥 ☐ 🌦 ☐ 🌧 ☐ 🌨 ☐ 🚩 ____ 🌡 ____

Arma da fuoco:	
Proiettile:	Profondità di seduta:
Polvere:	Grani:
Primer:	
Ottone:	
Distanza:	

Risultati complessivi

☐ Povero   ☐ Fiera   ☐ Buono   ☐ Eccellente

Note aggiuntive

____

____

☆ ☆ ☆ ☆ ☆

Un'idea regalo perfetta per principianti e professionisti

Libro di bordo per il tiro sportivo

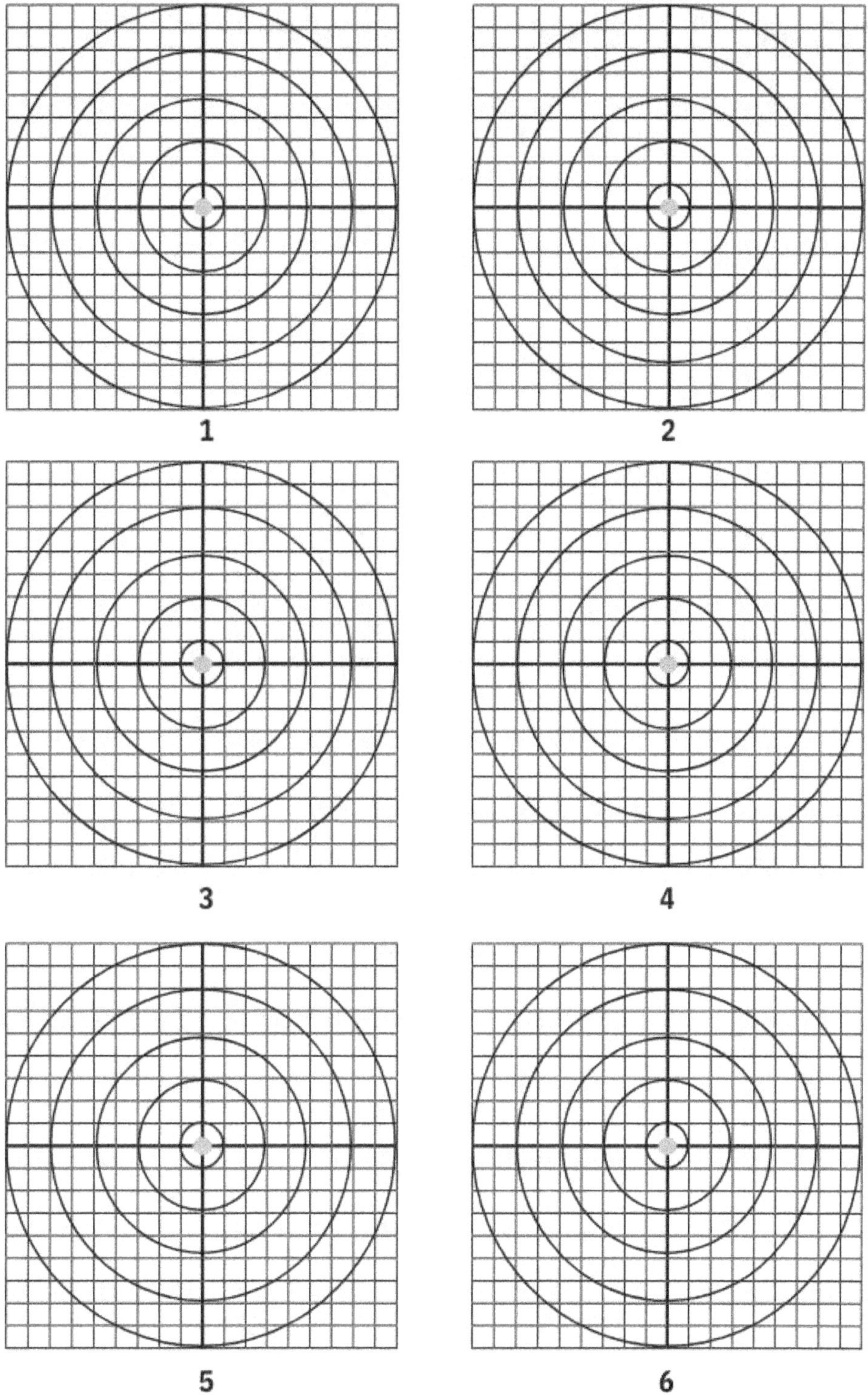

Un'idea regalo perfetta per principianti e professionisti

Libro di bordo per il tiro sportivo

📅 Data: ________________ 🕐 Tempo: ________

📍 Posizione: ________________________

Condizioni meteo

☐   ☐   ☐   ☐   ☐   ☐   ______   ______

Arma da fuoco:	
Proiettile:	Profondità di seduta:
Polvere:	Grani:
Primer:	
Ottone:	
Distanza:	

Risultati complessivi

☐ Povero   ☐ Fiera   ☐ Buono   ☐ Eccellente

Note aggiuntive

____

____

____

☆ ☆ ☆ ☆ ☆

Un'idea regalo perfetta per principianti e professionisti

Libro di bordo per il tiro sportivo

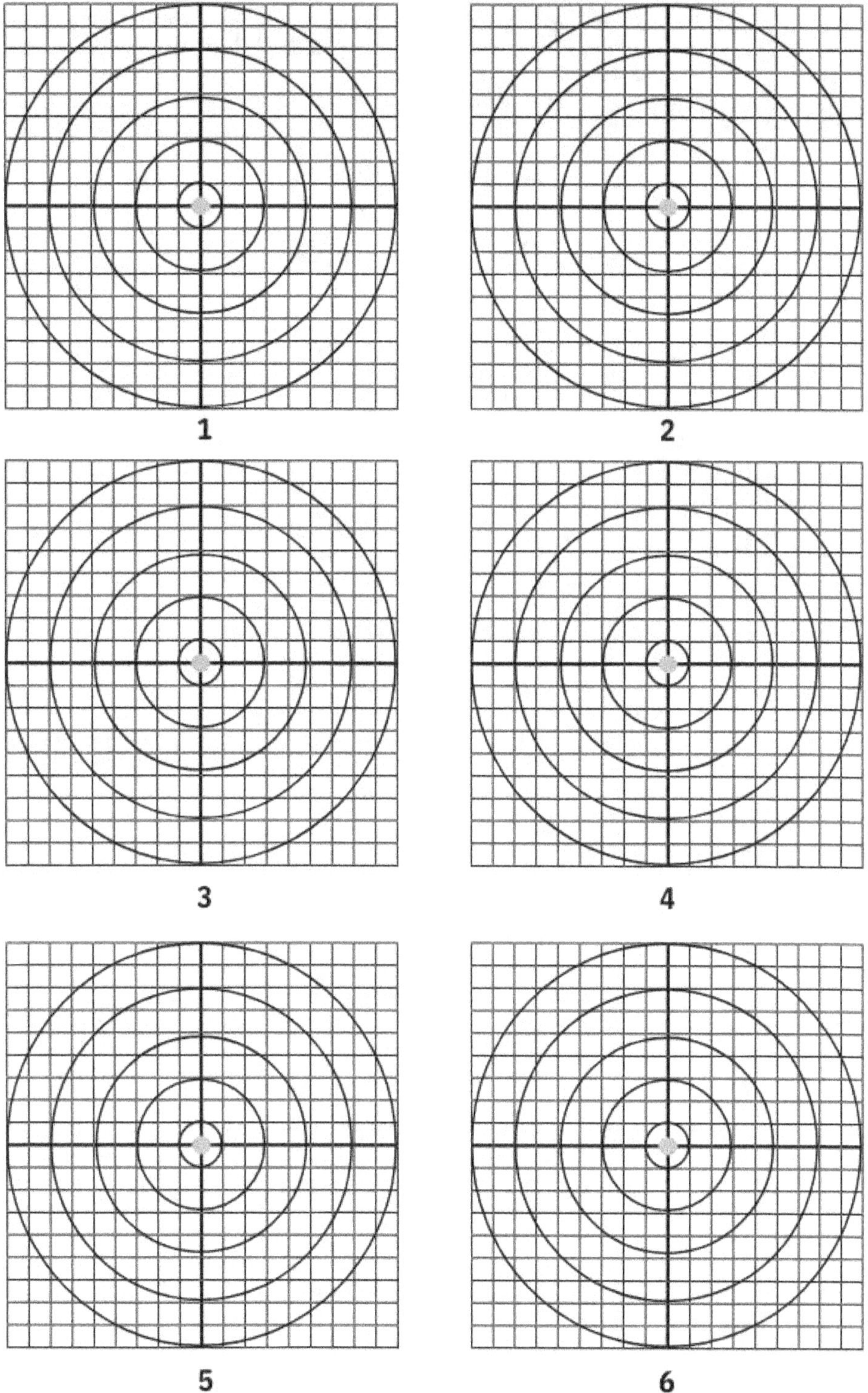

Un'idea regalo perfetta per principianti e professionisti

Libro di bordo per il tiro sportivo

📅 Data: _________________________   🕐 Tempo: _________

📍 Posizione: _________________________________

Condizioni meteo

☀ ☐   ⛅ ☐   🌤 ☐   🌦 ☐   🌧 ☐   🌨 ☐   🚩 _______   🌡 _______

Arma da fuoco:	
Proiettile:	Profondità di seduta:
Polvere:	Grani:
Primer:	
Ottone:	
Distanza:	

Risultati complessivi

☐ Povero   ☐ Fiera   ☐ Buono   ☐ Eccellente

Note aggiuntive

____

____

☆ ☆ ☆ ☆ ☆

Un'idea regalo perfetta per principianti e professionisti

Libro di bordo per il tiro sportivo

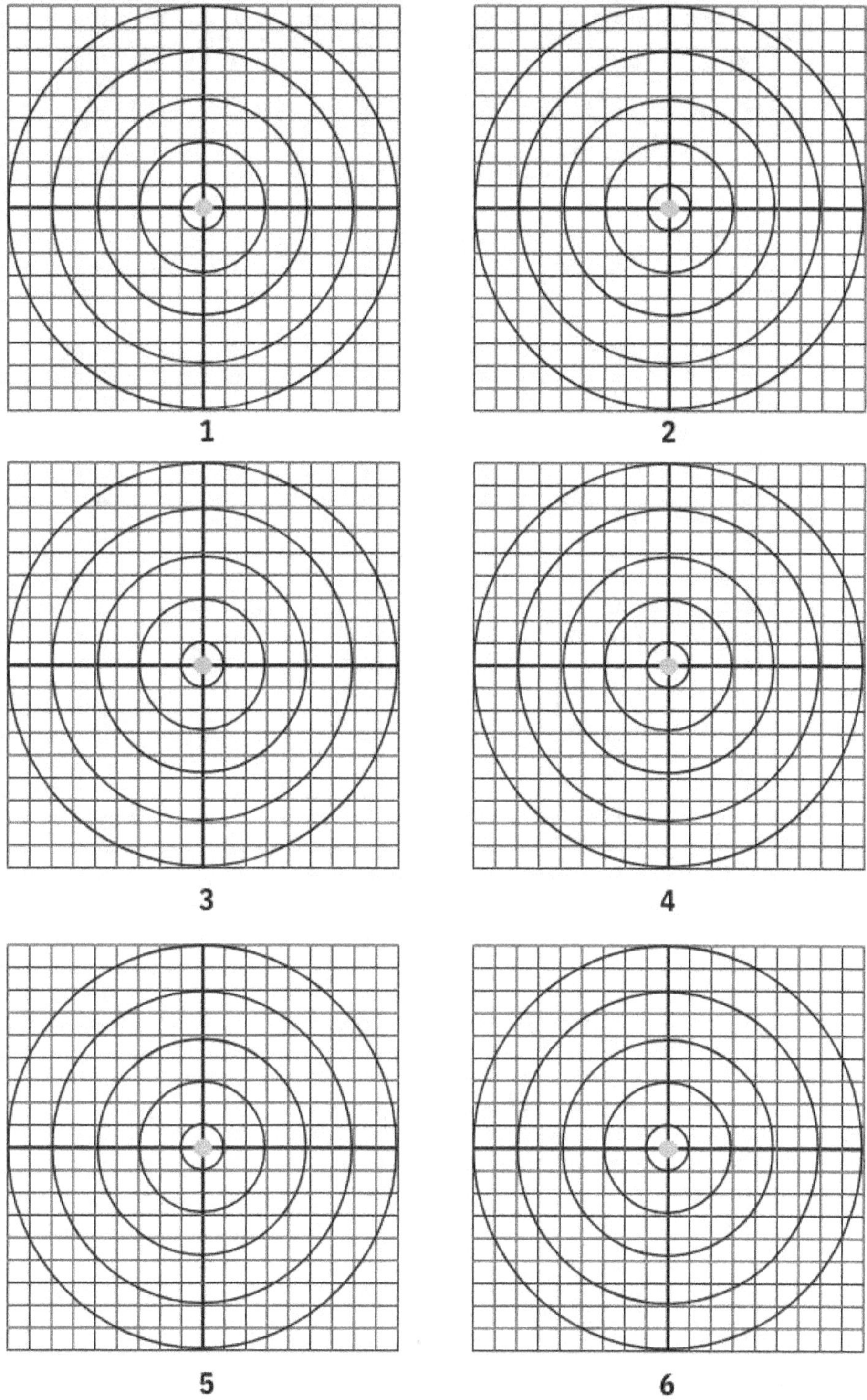

Un'idea regalo perfetta per principianti e professionisti

Libro di bordo per il tiro sportivo

📅 Data: _________________________ 🕐 Tempo: _________

📍 Posizione: _____________________________________

Condizioni meteo

☀ ☐ ⛅ ☐ 🌦 ☐ 🌧 ☐ 🌧 ☐ 🌨 ☐ 🚩 ____ 🌡 ____

Arma da fuoco:	
Proiettile:	Profondità di seduta:
Polvere:	Grani:
Primer:	
Ottone:	
Distanza:	

Risultati complessivi

☐ Povero   ☐ Fiera   ☐ Buono   ☐ Eccellente

Note aggiuntive

____

____

☆ ☆ ☆ ☆ ☆

Un'idea regalo perfetta per principianti e professionisti

Libro di bordo per il tiro sportivo

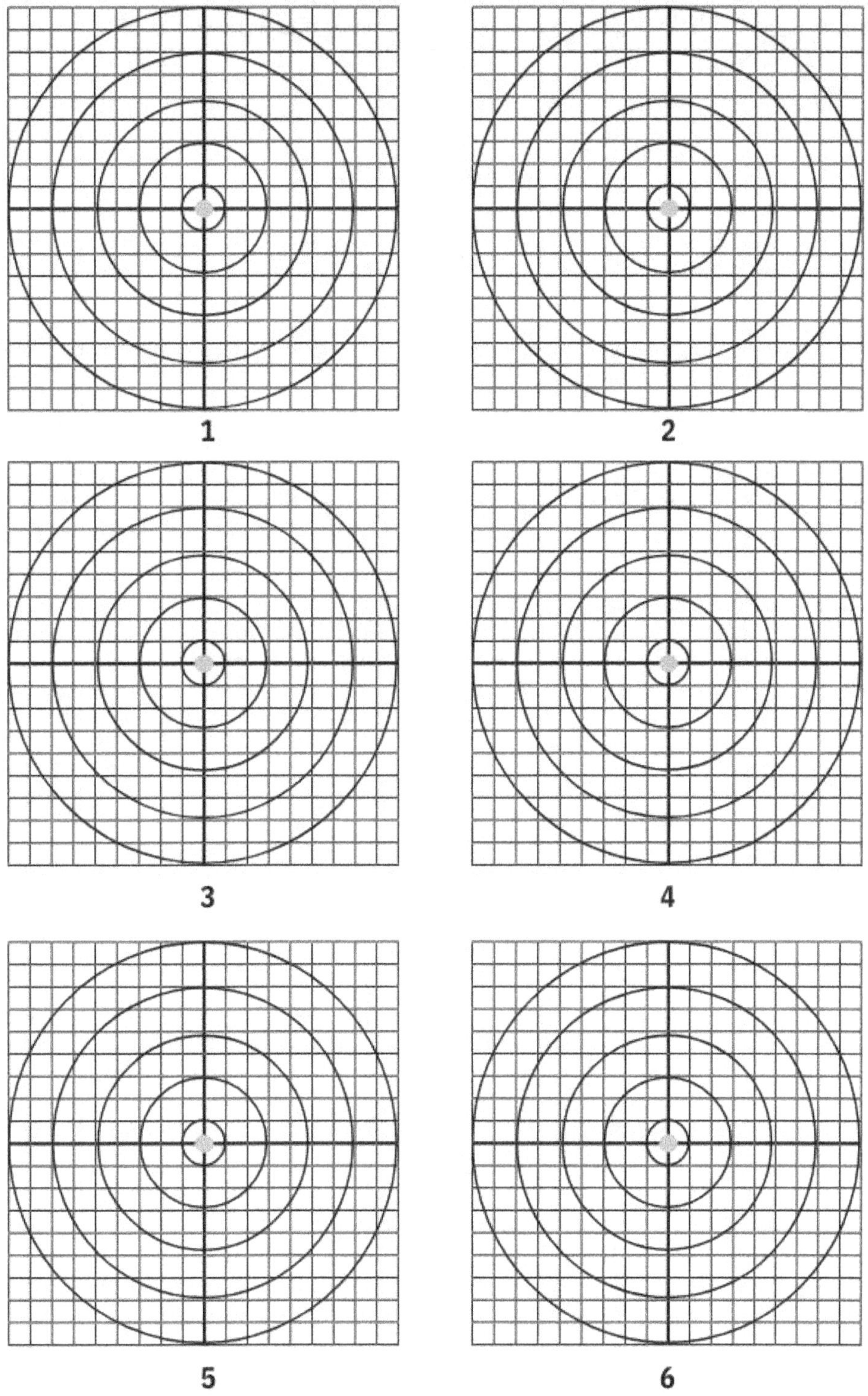

Un'idea regalo perfetta per principianti e professionisti

Libro di bordo per il tiro sportivo

📅 Data: ______________________ 🕐 Tempo: __________

📍 Posizione: _______________________________

Condizioni meteo

☐ ☐ ☐ ☐ ☐ ☐ 🚩 ______ 🌡 ______

Arma da fuoco:	
Proiettile:	Profondità di seduta:
Polvere:	Grani:
Primer:	
Ottone:	
Distanza:	

Risultati complessivi

☐ Povero   ☐ Fiera   ☐ Buono   ☐ Eccellente

Note aggiuntive

____

____

____

☆ ☆ ☆ ☆ ☆

Un'idea regalo perfetta per principianti e professionisti

Libro di bordo per il tiro sportivo

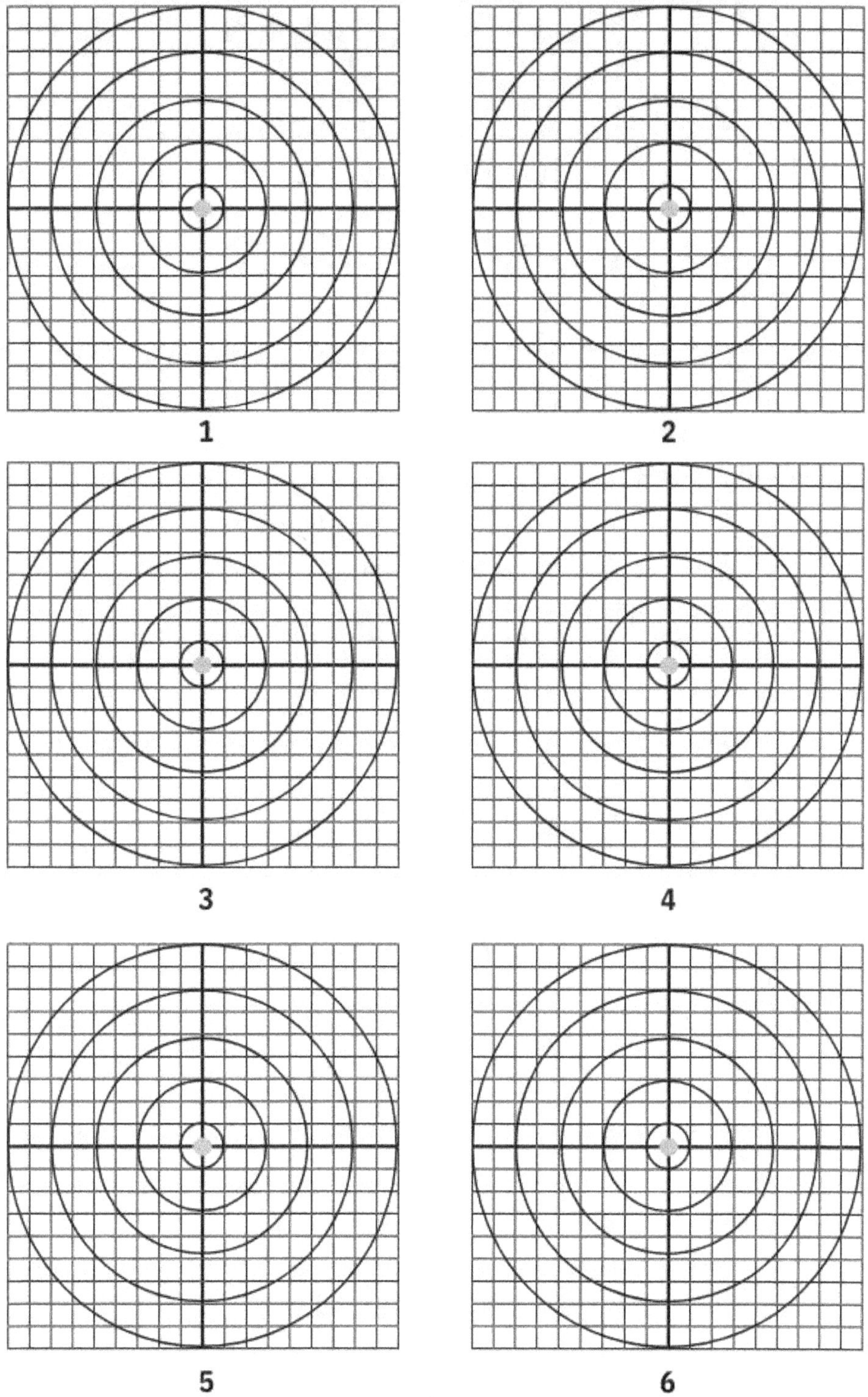

Un'idea regalo perfetta per principianti e professionisti

Libro di bordo per il tiro sportivo

Data: ______________________ Tempo: __________

Posizione: ________________________________

Condizioni meteo

☐   ☐   ☐   ☐   ☐   ☐   _______   _______

Arma da fuoco:	
Proiettile:	Profondità di seduta:
Polvere:	Grani:
Primer:	
Ottone:	
Distanza:	

Risultati complessivi

☐ Povero   ☐ Fiera   ☐ Buono   ☐ Eccellente

Note aggiuntive

____

____

☆ ☆ ☆ ☆ ☆

Un'idea regalo perfetta per principianti e professionisti

Libro di bordo per il tiro sportivo

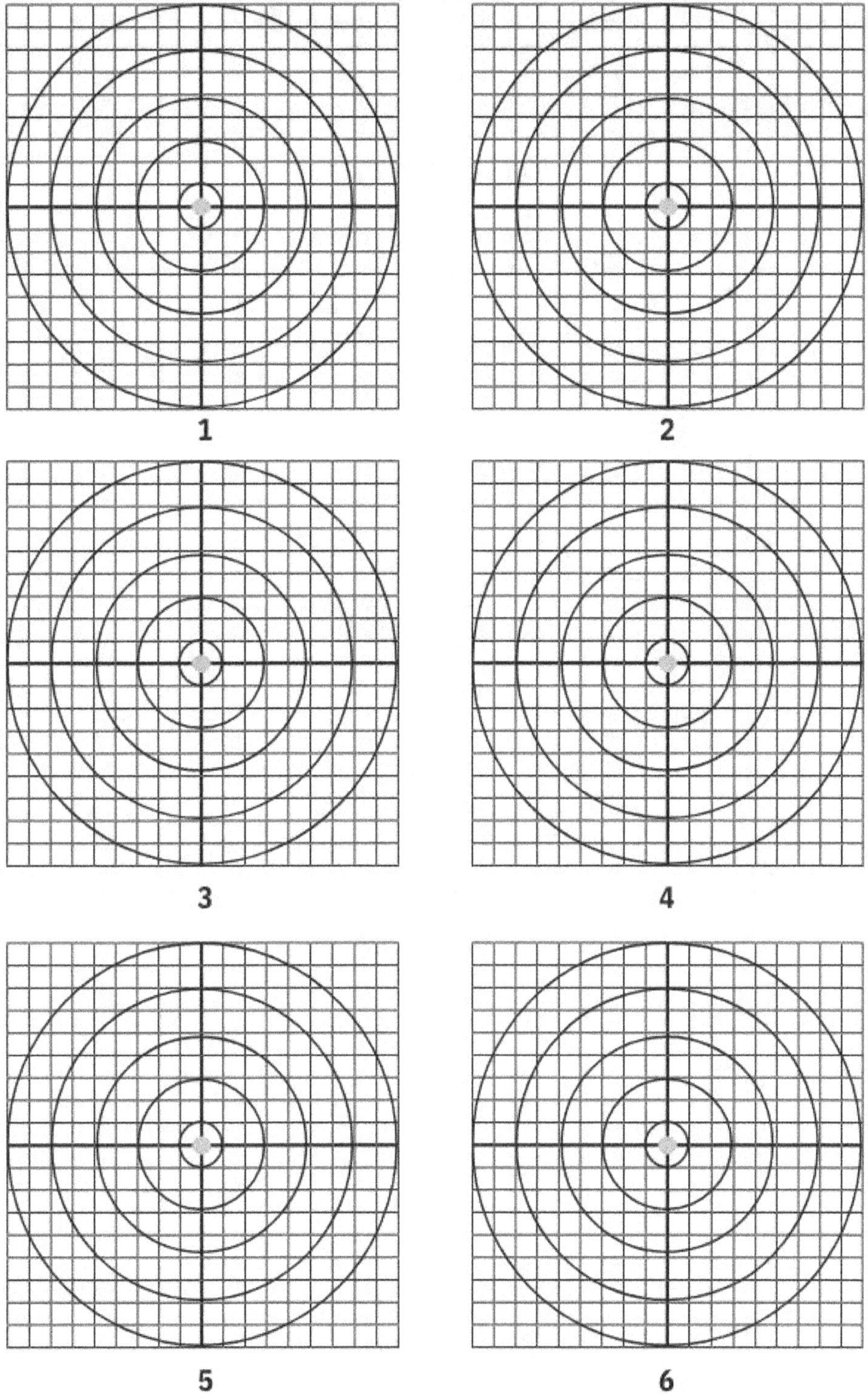

Un'idea regalo perfetta per principianti e professionisti

Libro di bordo per il tiro sportivo

📅 Data: _________________ 🕐 Tempo: _________

📍 Posizione: _________________________________

Condizioni meteo

☐ ☐ ☐ ☐ ☐ ☐ ___ ___

Arma da fuoco:	
Proiettile:	Profondità di seduta:
Polvere:	Grani:
Primer:	
Ottone:	
Distanza:	

Risultati complessivi

☐ Povero   ☐ Fiera   ☐ Buono   ☐ Eccellente

Note aggiuntive

____

____

☆ ☆ ☆ ☆ ☆

Un'idea regalo perfetta per principianti e professionisti

Libro di bordo per il tiro sportivo

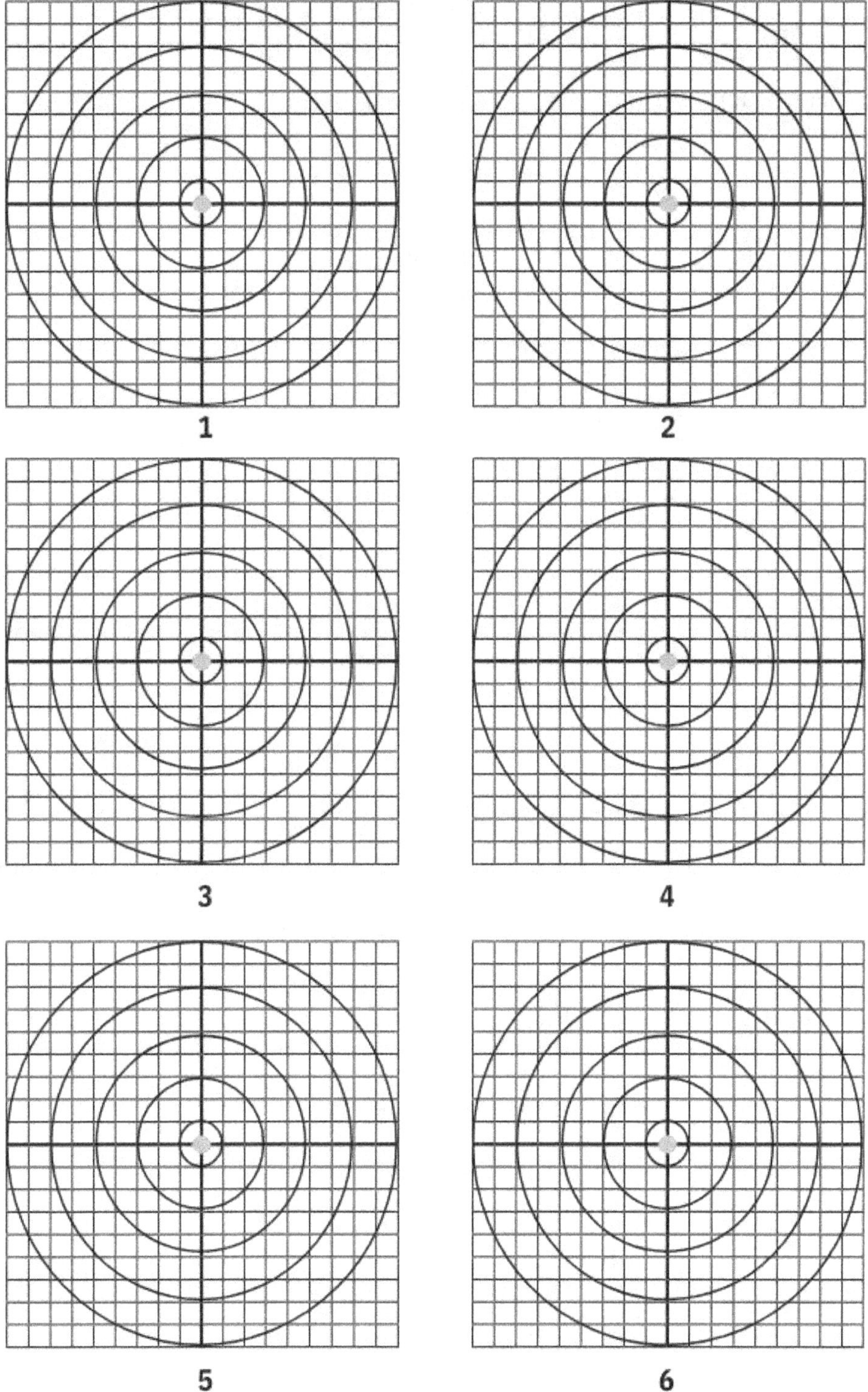

Un'idea regalo perfetta per principianti e professionisti

Libro di bordo per il tiro sportivo

📅 Data: _________________   🕐 Tempo: __________

📍 Posizione: _______________________________

Condizioni meteo

☀ ☐   ⛅ ☐   🌥 ☐   🌦 ☐   🌧 ☐   🌨 ☐   🚩 ______   🌡 ______

Arma da fuoco:	
Proiettile:	Profondità di seduta:
Polvere:	Grani:
Primer:	
Ottone:	
Distanza:	

Risultati complessivi

☐ Povero   ☐ Fiera   ☐ Buono   ☐ Eccellente

Note aggiuntive

____

____

____

☆ ☆ ☆ ☆ ☆

Un'idea regalo perfetta per principianti e professionisti

Libro di bordo per il tiro sportivo

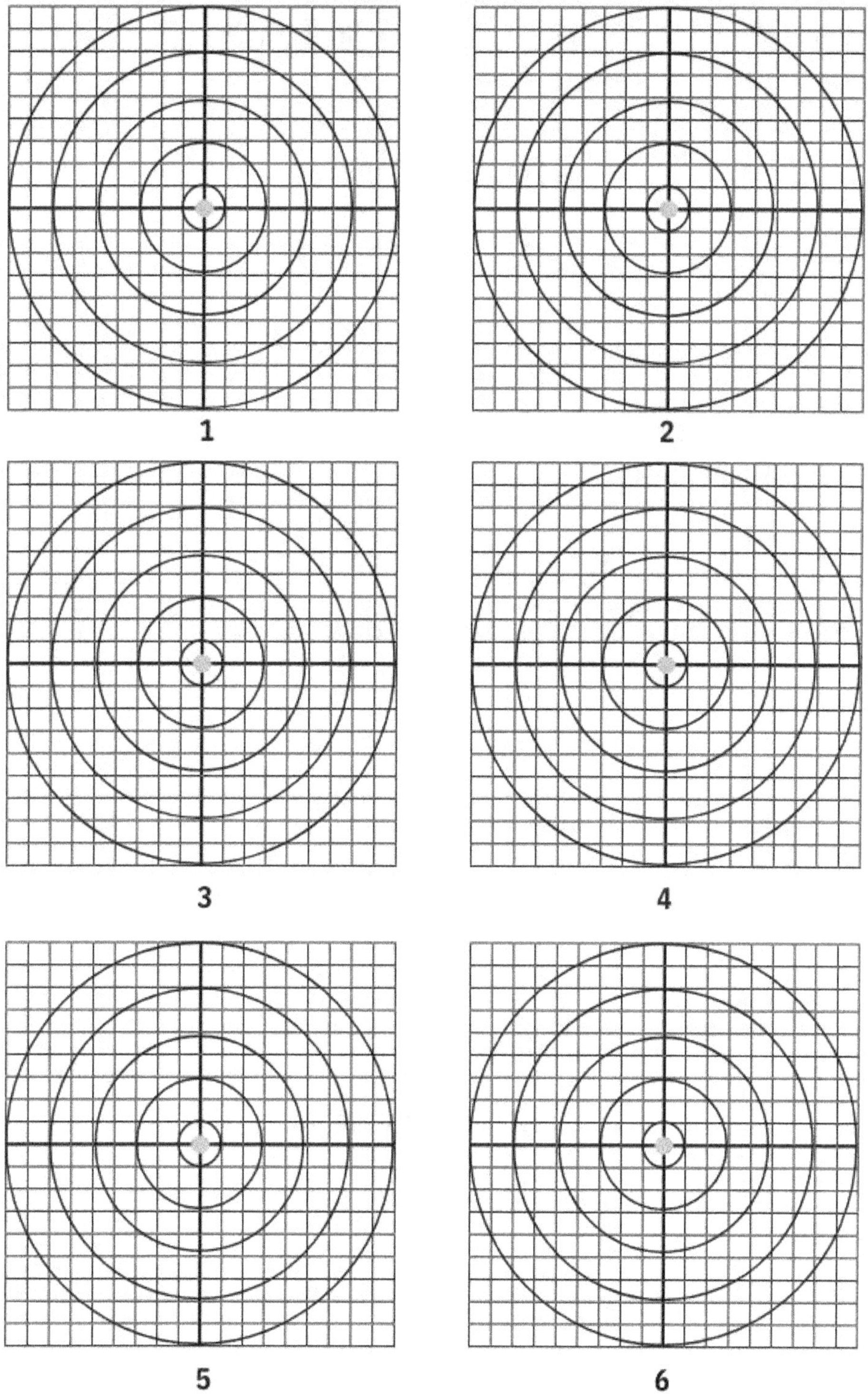

Un'idea regalo perfetta per principianti e professionisti

Libro di bordo per il tiro sportivo

📅 Data: _______________________ 🕐 Tempo: __________

📍 Posizione: _____________________________________

Condizioni meteo

☐   ☐   ☐   ☐   ☐   ☐   ▱ _______   🌡 _______

Arma da fuoco:	
Proiettile:	Profondità di seduta:
Polvere:	Grani:
Primer:	
Ottone:	
Distanza:	

Risultati complessivi

☐ Povero   ☐ Fiera   ☐ Buono   ☐ Eccellente

Note aggiuntive

____

____

☆ ☆ ☆ ☆ ☆

Un'idea regalo perfetta per principianti e professionisti

Libro di bordo per il tiro sportivo

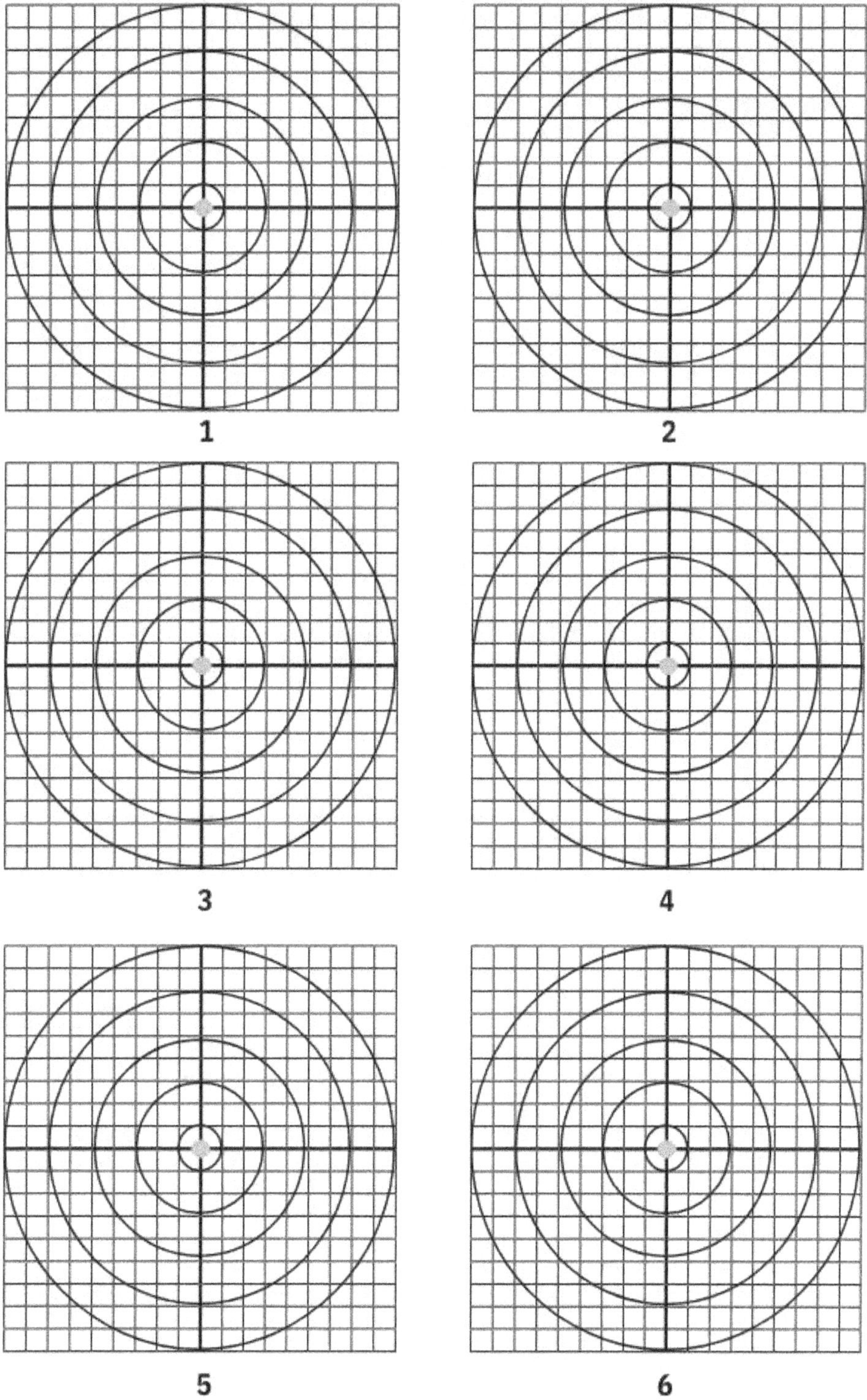

Un'idea regalo perfetta per principianti e professionisti

Libro di bordo per il tiro sportivo

📅 Data: _________________________   🕐 Tempo: __________

📍 Posizione: ____

Condizioni meteo

☐ ☐ ☐ ☐ ☐ ☐ _______ _______

Arma da fuoco:	
Proiettile:	Profondità di seduta:
Polvere:	Grani:
Primer:	
Ottone:	
Distanza:	

Risultati complessivi

☐ Povero   ☐ Fiera   ☐ Buono   ☐ Eccellente

Note aggiuntive

____

____

☆ ☆ ☆ ☆ ☆

Un'idea regalo perfetta per principianti e professionisti

Libro di bordo per il tiro sportivo

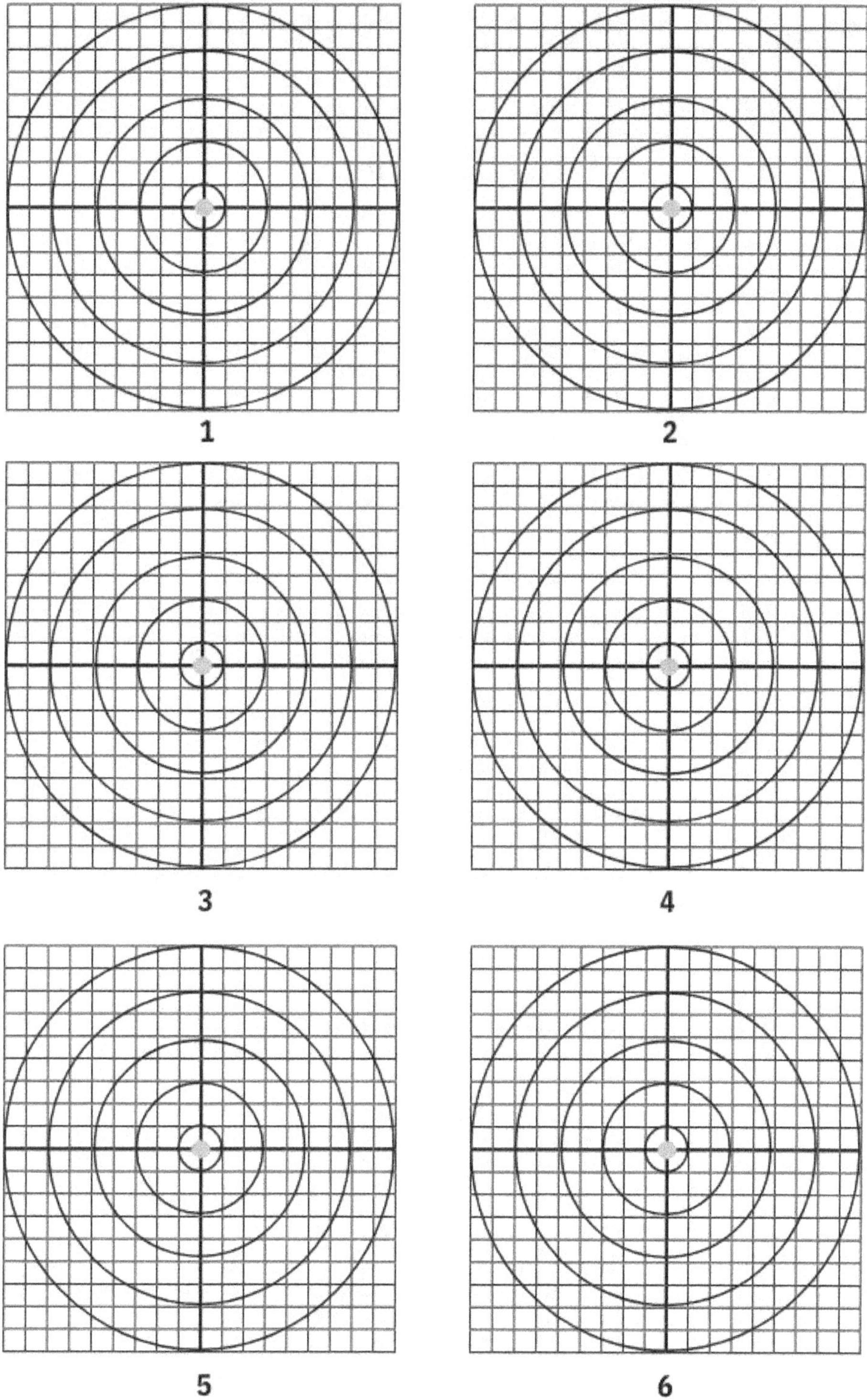

Un'idea regalo perfetta per principianti e professionisti

Libro di bordo per il tiro sportivo

📅 Data: _________________ 🕐 Tempo: _________

📍 Posizione: _________________________________

Condizioni meteo

☐ ☐ ☐ ☐ ☐ ☐ _____ _____

Arma da fuoco:	
Proiettile:	Profondità di seduta:
Polvere:	Grani:
Primer:	
Ottone:	
Distanza:	

Risultati complessivi

☐ Povero ☐ Fiera ☐ Buono ☐ Eccellente

Note aggiuntive

____

____

☆ ☆ ☆ ☆ ☆

Un'idea regalo perfetta per principianti e professionisti

Libro di bordo per il tiro sportivo

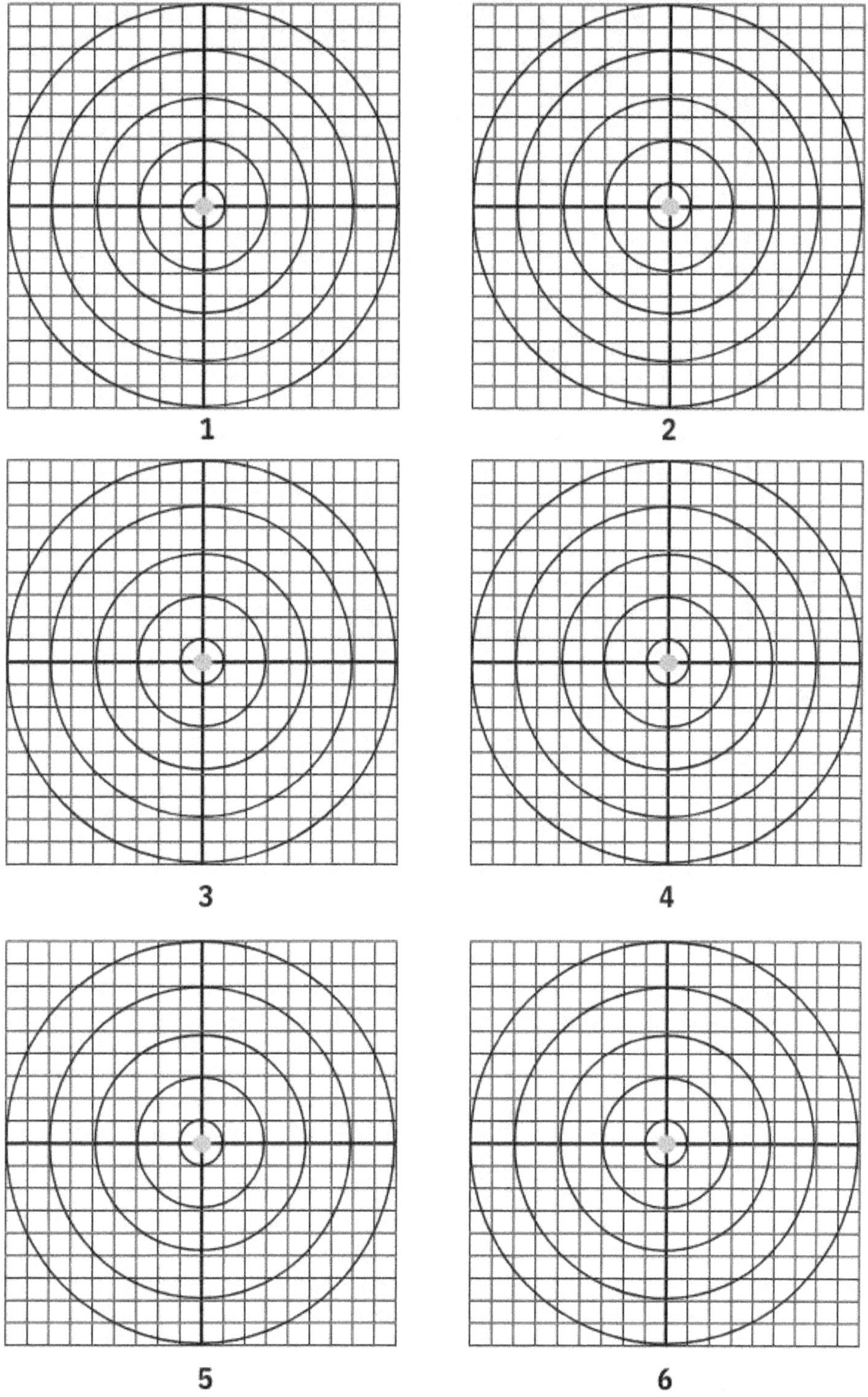

Un'idea regalo perfetta per principianti e professionisti

Libro di bordo per il tiro sportivo

📅 Data: _______________________   🕐 Tempo: _________

📍 Posizione: _______________________________

Condizioni meteo

☀ ☐   ⛅ ☐   🌥 ☐   🌦 ☐   🌧 ☐   🌨 ☐   🚩 _______   🌡 _______

Arma da fuoco:	
Proiettile:	Profondità di seduta:
Polvere:	Grani:
Primer:	
Ottone:	
Distanza:	

Risultati complessivi

☐ Povero   ☐ Fiera   ☐ Buono   ☐ Eccellente

Note aggiuntive

____

____

____

☆ ☆ ☆ ☆ ☆

Un'idea regalo perfetta per principianti e professionisti

Libro di bordo per il tiro sportivo

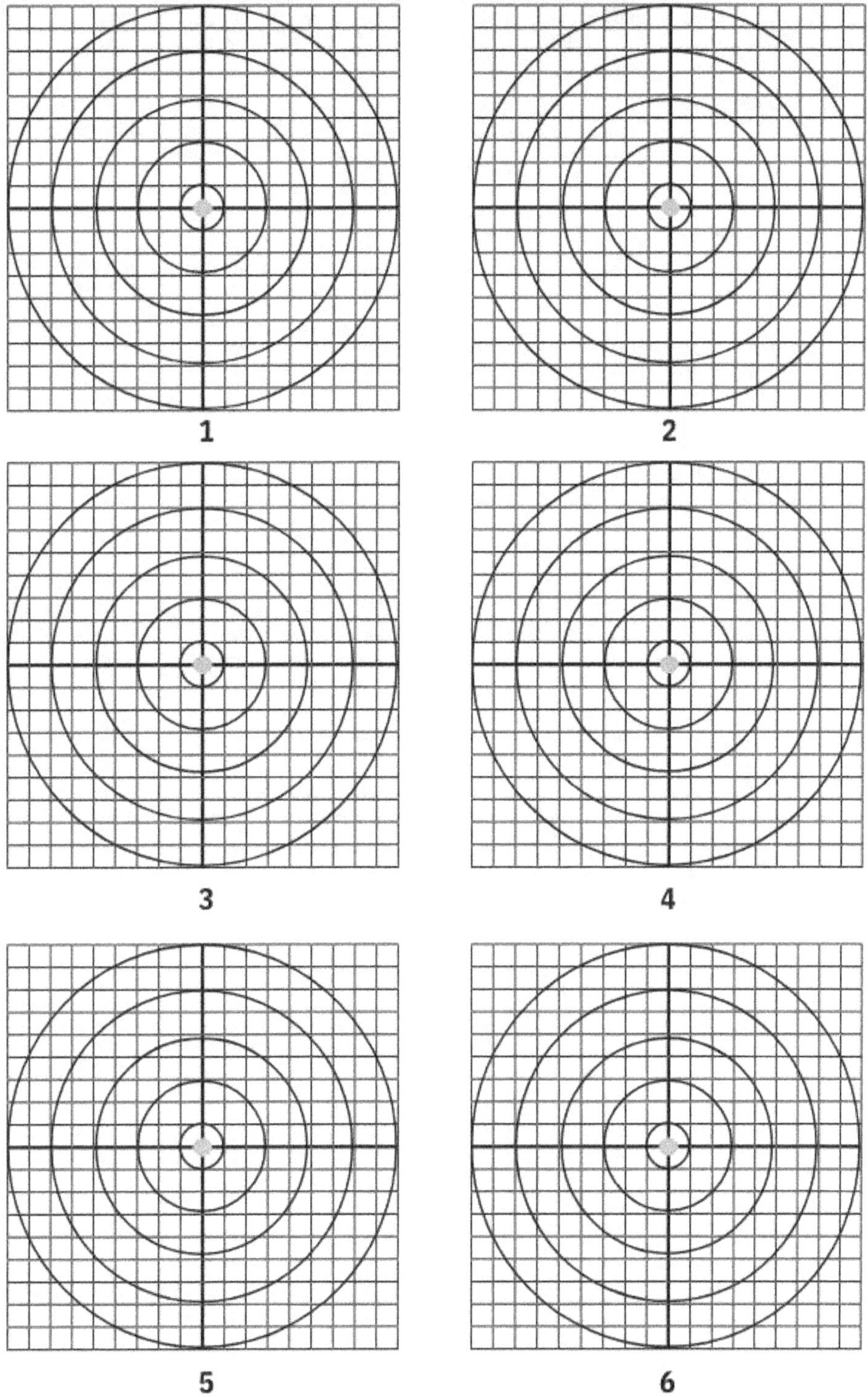

Un'idea regalo perfetta per principianti e professionisti

Libro di bordo per il tiro sportivo

📅 Data: _______________________ 🕐 Tempo: __________

📍 Posizione: _______________________________________

Condizioni meteo

☐ ☐ ☐ ☐ ☐ ☐ 🚩 _________ 🌡 _________

Arma da fuoco:	
Proiettile:	Profondità di seduta:
Polvere:	Grani:
Primer:	
Ottone:	
Distanza:	

Risultati complessivi

☐ Povero   ☐ Fiera   ☐ Buono   ☐ Eccellente

Note aggiuntive

____

____

____

☆ ☆ ☆ ☆ ☆

Un'idea regalo perfetta per principianti e professionisti

Libro di bordo per il tiro sportivo

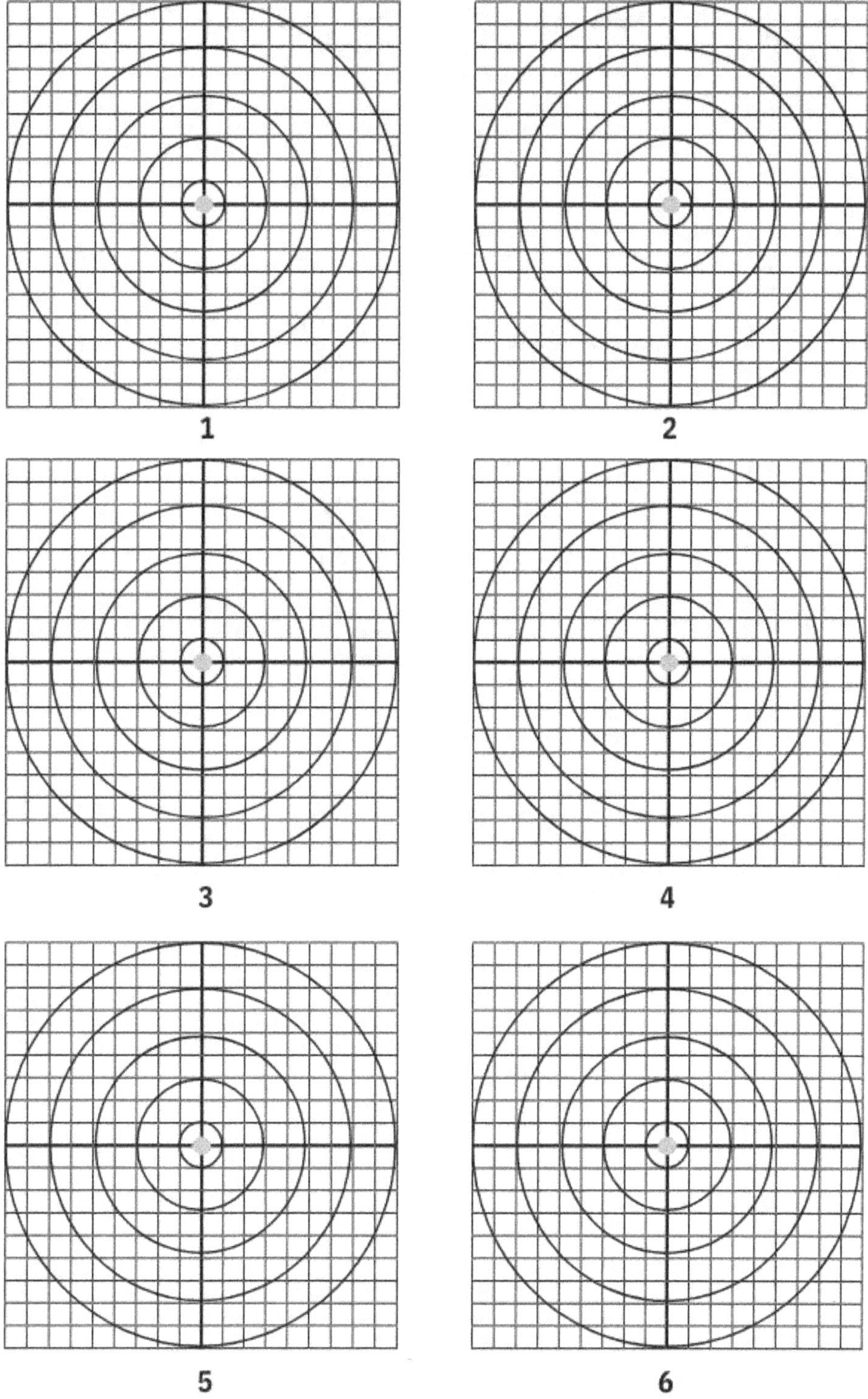

Un'idea regalo perfetta per principianti e professionisti

Libro di bordo per il tiro sportivo

📅 Data: _______________   🕐 Tempo: _________

📍 Posizione: _________________________________

Condizioni meteo

☐   ☐   ☐   ☐   ☐   ☐   _______   _______

Arma da fuoco:	
Proiettile:	Profondità di seduta:
Polvere:	Grani:
Primer:	
Ottone:	
Distanza:	

Risultati complessivi

☐ Povero   ☐ Fiera   ☐ Buono   ☐ Eccellente

Note aggiuntive

____

____

☆ ☆ ☆ ☆ ☆

Un'idea regalo perfetta per principianti e professionisti

Libro di bordo per il tiro sportivo

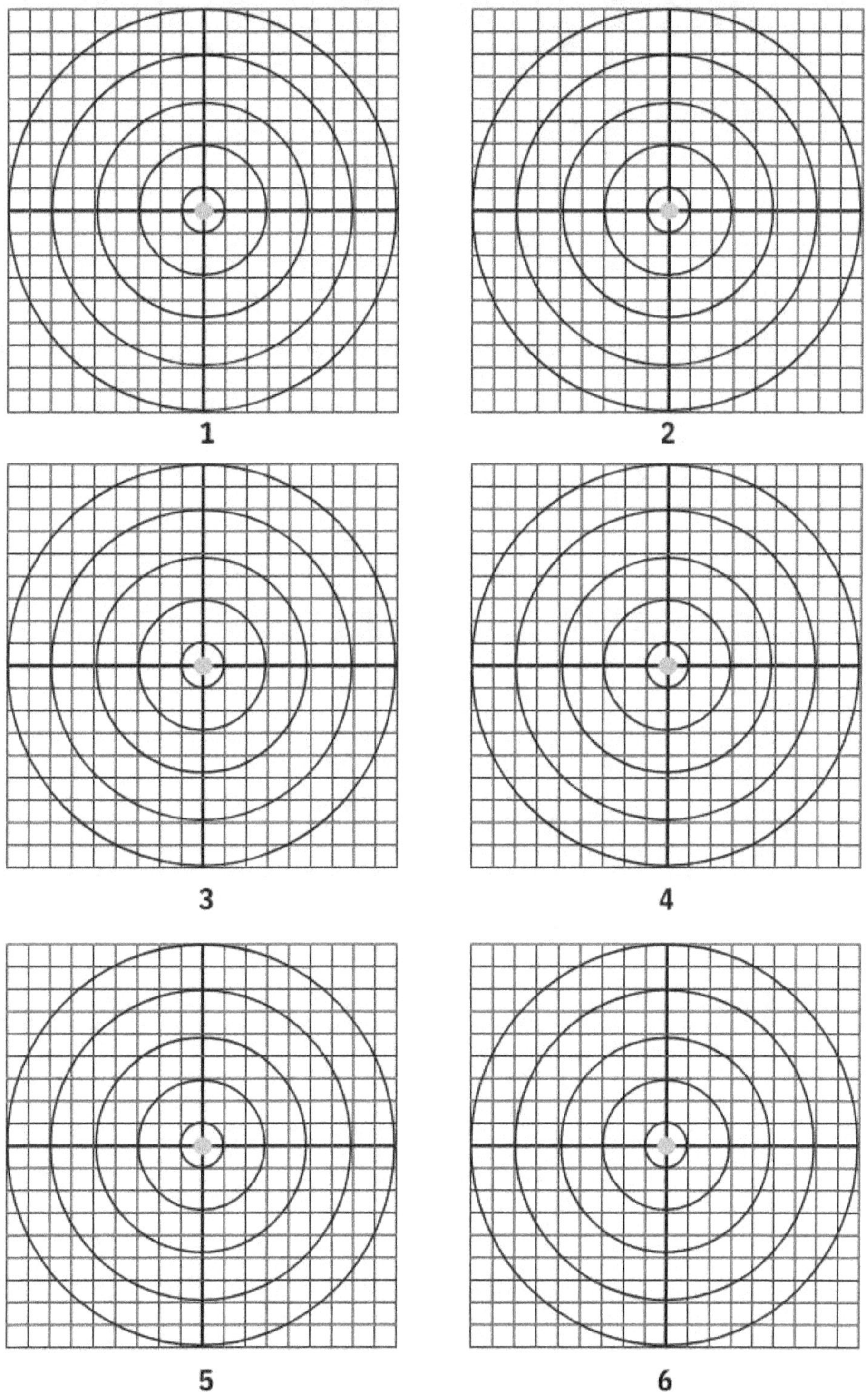

Un'idea regalo perfetta per principianti e professionisti

Libro di bordo per il tiro sportivo

📅 Data: ________________ 🕐 Tempo: ________

📍 Posizione: ________________________________

Condizioni meteo

☐ ☐ ☐ ☐ ☐ ☐ ____ ____

Arma da fuoco:	
Proiettile:	Profondità di seduta:
Polvere:	Grani:
Primer:	
Ottone:	
Distanza:	

Risultati complessivi

☐ Povero ☐ Fiera ☐ Buono ☐ Eccellente

Note aggiuntive

____

____

☆ ☆ ☆ ☆ ☆

Un'idea regalo perfetta per principianti e professionisti

Libro di bordo per il tiro sportivo

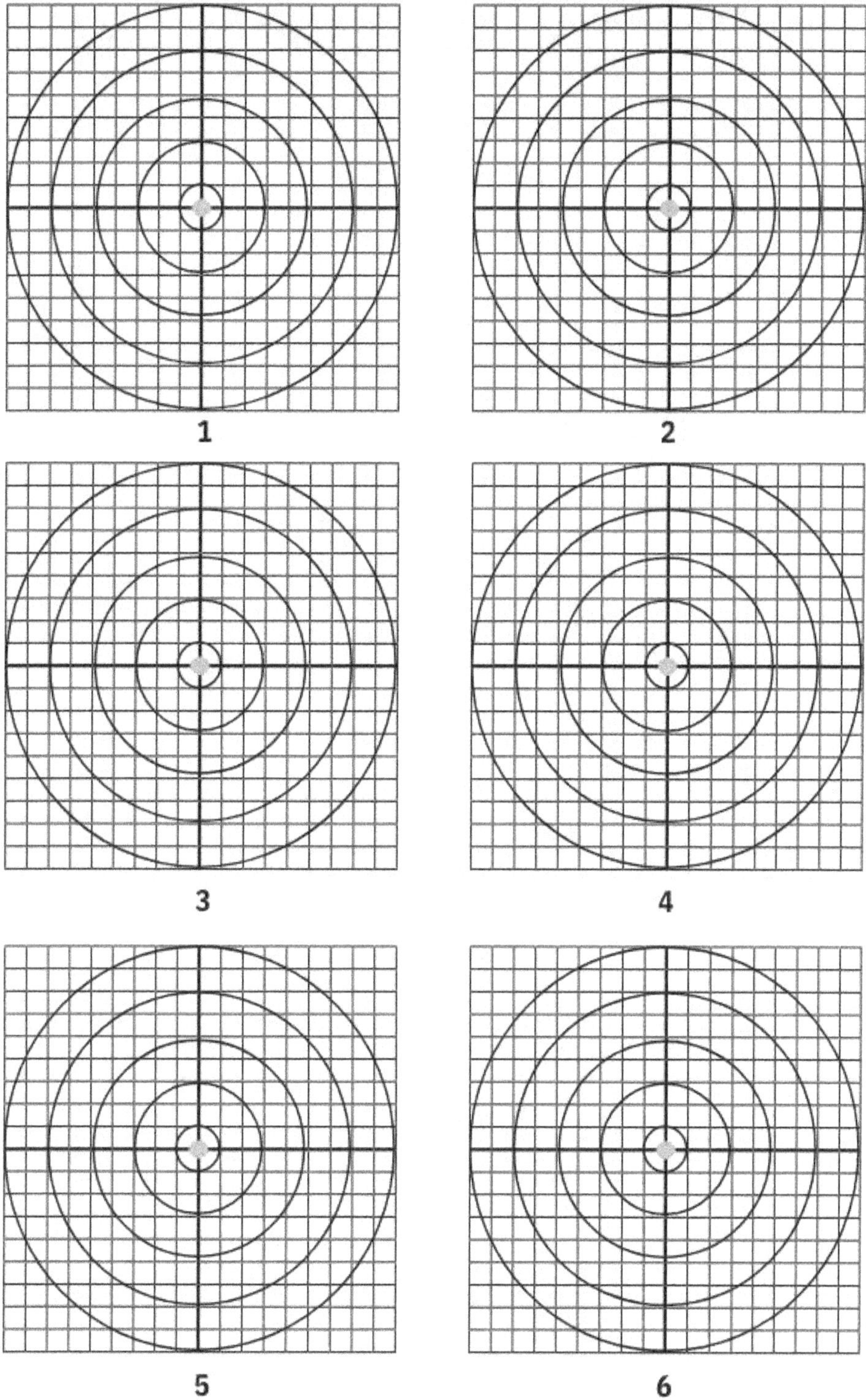

Un'idea regalo perfetta per principianti e professionisti

Libro di bordo per il tiro sportivo

📅 Data: ________________   🕐 Tempo: ________

📍 Posizione: ____________________________

Condizioni meteo

☐ ☐ ☐ ☐ ☐ ☐ ⚑ ______ 🌡 ______

Arma da fuoco:	
Proiettile:	Profondità di seduta:
Polvere:	Grani:
Primer:	
Ottone:	
Distanza:	

Risultati complessivi

☐ Povero   ☐ Fiera   ☐ Buono   ☐ Eccellente

Note aggiuntive

____

____

☆ ☆ ☆ ☆ ☆

Un'idea regalo perfetta per principianti e professionisti

Libro di bordo per il tiro sportivo

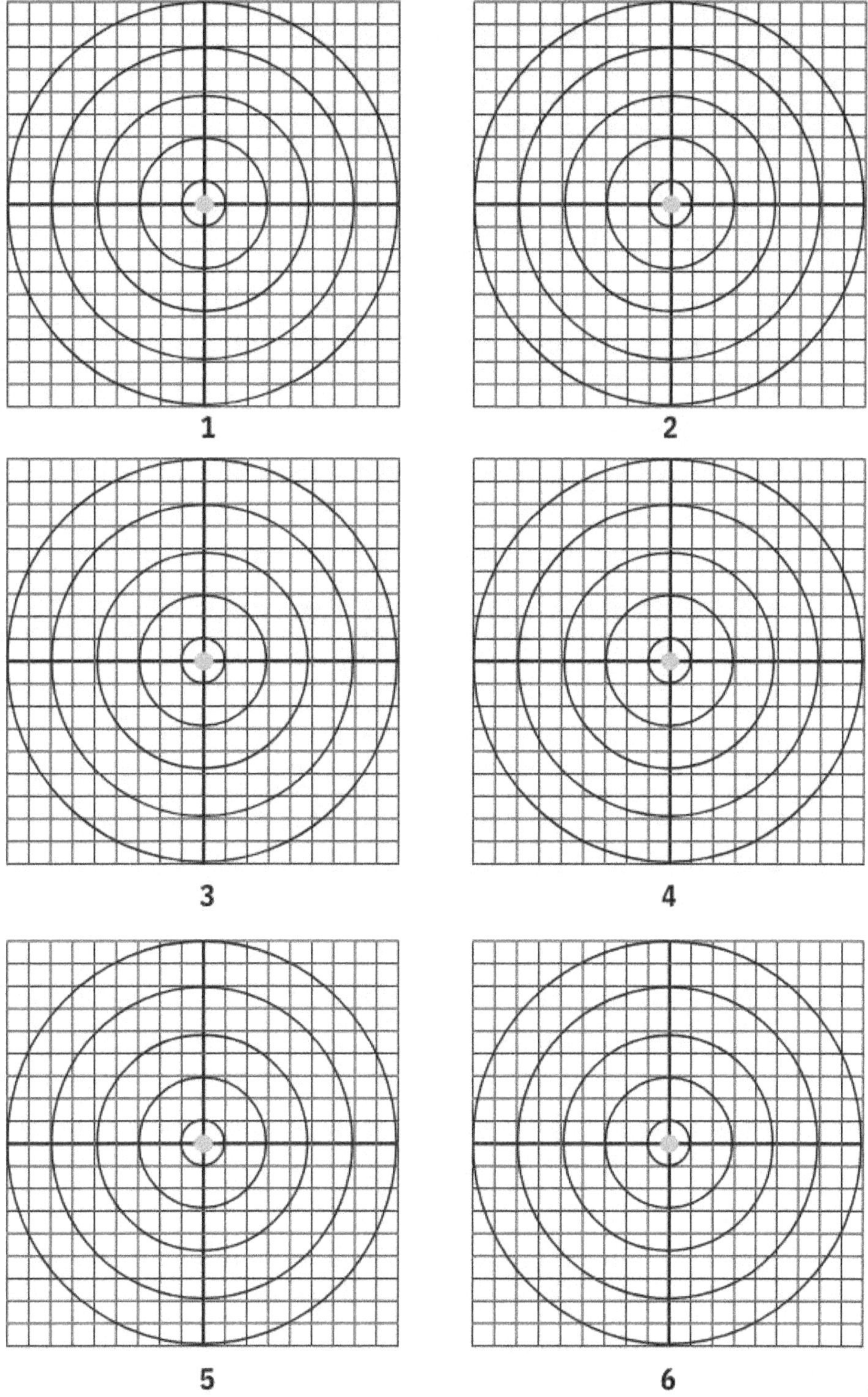

Un'idea regalo perfetta per principianti e professionisti